Rethinking Classroom Participation

Listening to
Silent Voices

课堂参与：
沉默
与喧哗

Katherine Schultz
凯瑟琳·舒尔茨　著

丁道勇　译

华东师范大学出版社
ECNUP
全国百佳图书出版单位

上海市版权局著作权合同登记 图字：09-2018-156 号

献给我的父亲富兰克林·莫顿·舒尔茨（Franklin Morton Schultz）。他已经 91 岁了，但是，无论是以沉默的方式还是以言说的方式，他总是能给我巨大的支持。

纪念马尔奇·雷斯尼克（Marci Resnick）。他为了让世界变得更美好，不知疲倦地工作。他的不断提问、他的爱和默默的关注不断启发着我的工作。

目 录

译者序　少说与多说　001

前言　走上前台的沉默　005

第一章　课堂中的参与和沉默　001

　　一、扩展课堂沉默的观念　008

　　二、把沉默作为一种参与　015

　　三、理解课堂沉默的若干视角　018

　　四、把关于沉默的若干社会文化理论应用于课堂环境　025

　　五、本书的组织　032

第二章　沉默的各种形式和功能　035

　　一、沉默作为抵抗　040

　　二、沉默作为权力　044

　　三、沉默作为保护　053

　　四、沉默作为对创伤的回应　059

　　五、沉默作为创造性和学习的时间及空间　065

　　六、结论：扩展我们的概念框架　070

第三章　课堂中的沉默和发言　075
　　一、教和学之中的沉默　080
　　二、沉默与课堂常规　097
　　三、结论：把沉默和学习联系起来　108

第四章　学生的沉默与课程参与　111
　　一、多元文化课程在应对学生沉默上的局限性　116
　　二、课堂环境与课程干预　121
　　三、把课程与学生生活联系起来　125
　　四、使用多模块课程应对学生沉默　129
　　五、结论：向所有学生开放课程　141

第五章　来自学生沉默的启示　147
　　一、课堂中学生沉默的意义　153
　　二、沉默、参与及民主实践　155
　　三、以研究的立场来研究沉默　159
　　四、理解学生沉默的工具　163
　　五、借助课程革新来反思参与　173
　　六、对学生沉默作出反应　178
　　七、在学习如何教的过程中研究沉默　185
　　八、重新思考参与　186

附录　作者现场记录的实录片段　189
致　谢　193
参考文献　197

女儿的一年级包班老师是艾莉森·莱思罗普（Alyson Lathrop），她有各种办法可以让自己少说话：

第一则故事：莱思罗普老师今年尝试了一种新办法，她在教室里准备了一个玻璃罐头瓶子。孩子们去图书室、体育馆或者别的什么地方时，如果整个班级都做得好、得到了上课老师的夸奖，他们就可以往瓶子里补充一个彩色的塑料小熊。瓶子装满了，莱思罗普就会组织一个派对，叫作"complement party"。那个下午老师不安排课，孩子们可以跟同学分享自己带来的玩具、把点心放到地上边玩边吃。莱思罗普老师开玩笑说，也许她应该找个小点的罐子。

第二则故事：莱思罗普老师在写作区贴着大大的提示："Ask 3 before me"。（本书第三章的戴维斯老师也使用了这个办法。）这是在要求孩子们在有问题请教老师之前，先问过自己的同学。另外，莱思罗普老师也告诉孩子们，有些同学间的小纠纷不能打扰老师，只有那些欺侮人的事情才可以告老师，平常的打打闹闹需要自己解决。

第三则故事：莱思罗普老师从不在作业本上给孩子们纠正拼写错误。当我女儿在家庭作业里把 math 拼写成 mas 时，隔天也照样可以得到一个大大的笑脸。可能与此有关，我女儿在这期间一直很喜爱写作，尽管她完全是个新手。

第四则故事：在这间教室里，一个孩子如果需要上厕所，可以随时举拳头示意。老师注意到以后，会给一个眼神示意，然后这个孩子就可以出去了。在出门之前，这个孩子要自己取一个绿色的牌子挂脖子上，牌子上写着"restroom"以及"Lathrop"。

第五则故事：比亚焦（Biagio）干了坏事，把老师的东西丢到垃圾桶里去了。莱思罗普老师把他领到 K 年级的班级，过一会儿再去把他领回来。莱思罗普老师要告诉比亚焦：你得努力才有资格待在更高的年级。

第六则故事：在圣诞假期前的"冬日派对"之后，莱思罗普老师告诉孩子们今天没有家庭作业。这个假期有十多天，相当于中国的寒假。实际上，几乎在每一次假期之前，莱思罗普老师都会削减作业，有时候作业条上干脆只有一句"享受你的假期"。

莱思罗普老师在教学中的一些做法，有的是她的独创，有的则是在美国小学教师中司空见惯的做法，比如：她和她的同事们都太喜欢夸奖人了，夸得我开始怀疑自己对孩子是不是太严苛。我很感激她，她给了我女儿一个快乐的一年级。某一天早餐时，女儿说她今天很高兴，因为又可以见到莱思罗普老师了。（老师前几日请假了）圣诞节前的那个周五，女儿在吃晚餐时叹息说，这几天见不到莱思罗普老师了。（接下来有两周的假期）莱思罗普老师不用向孩子们吼叫，也照样可以把事情做好。看来，在教学工作上，有时候少说话的效果也很不错！

* * *

在纽约逗留的这段时间，每次去哥伦比亚大学，我都选择在第七大道或者第 42 街转乘 B 线或者 D 线，然后在 125 街下车。在这段路上，常常会遇到一些学生。他们上车以后，车厢里马上就变得热闹起来。这些孩子们常常戴着耳机，一边摆弄手机，一边随着饶舌音乐的节拍扭动自己的身体，不时和身边的朋友说着什么，发出一阵阵巨大的笑声。他们总是一群人待在一起，欢笑、尖叫、旁若无人。他们之间的交流，似乎一定要用那种远远超出实际需求的音量来进行，引得同车厢的成年人频频侧目。但是，这群年轻人似乎很享受这一点。一张张年轻的面孔，热烈而张扬。看到他们，我不禁联想到自家女儿。如果她以后也是如此，我会多么崩溃！总是说个不停，也是一件可怕的事。

* 　　* 　　*

"少说话"应该是国人很熟悉的一条行动准则。大人物们讲究引而不发，以维持自己的威势不破。重大文件总是在细节中透露上意，要细细研究才能品出言外之意。普通人则熟悉千言不如一默的道理，讲究沉默是金。这种生活智慧，是一个历史悠久的文化传统的延续：《道德经》中有所谓的"知者不言，言者不知"。《论语·阳货篇》有孔子"予欲无言"的感叹。古代圣人知道言语的限度，所以宁可行"不言之教"。"少说话"是一条成人社会的生活准则。可是，在现在的学校环境中，"少说话"是要吃亏的。教师可以合法地要求学生发言，学生不发言则往往被认为是拒绝学习。上课沉默、下课吵闹，成了那些被放弃的学生的典型形象。在课堂上，教师对经常发言的学生的偏爱，鼓励了一种专为学生准备的行动准则，这与教师自己的生活准则是如此不同。那么，到底要教孩子们少说话，还是多说话？这恐怕还是一件要慎重考虑的事。

* 　　* 　　*

在 2017 年开始的"乡村青年教师社会支持公益计划"中，我主讲了其中的第一讲，题目是"'差生'的社会建构"。在那一讲里，我曾把舒尔茨的《课堂参与》这本书介绍给观众。现在，这个中译本终于要上市了。当时，我还提到另外一本强烈推荐给老师们阅读的作品——菲利浦·杰克逊（Philip Jackson）的《教室生涯》（*Life in Classrooms*）。该书首版于1968年，2005年由台湾文景书局出版了繁体中文版。因为版权问题，这本书一直没有简体中文版面世。这两年，我多次尝试推动这本书在大陆出版，可惜至今仍未成功。无论如何，类似的给教师荐书、翻书、写书的工作，我一直有兴趣。我相信，好书可以鼓励那些正直、善良的教师继续正直、善良下去。

感谢华东师范大学出版社李永梅女士的帮助。我提议要把这本书引进中国时，她积极作出响应，帮我达成了心愿，过程中的各种周折也多亏她尽力协调。感谢本书审读编辑任媛媛女士。她十分耐心地陪我一起走完了四轮校阅的过程，满足了我的一些偏执的追求。华东师范大学沈晓敏教授，帮助我解决了日语方面的困惑。她长期浸淫在日本文化中，总是能发现一些与日语中的独特词汇相关联的有意思的文化现象。

威廉·巴特勒·叶芝（William Butler Yeats）在年轻时曾哀悼过去的时光。那时"穷兵黩武的君王们"的功绩曾经遍布全世界，而今这些已不过是"被嘲弄的辞章"。他们的荣光早已逝去，而今剩下的只是"一堆毫无意义的废话……笨拙的男孩，念着一些颠倒的旧事"。现在，我们也同样面对一堆"废话"，能够鼓励我们的不过是一些似是而非的许诺，说什么"言辞本身就是好的"。在我们自己建构的这个环境里，我们用自己选定的正确的言辞，就可以重新确定世界的秩序。叶芝说，言辞本身具有重要作用，"也许这个漫游的星球本身，也不过是灵光乍现的辞章"（Yeats，1899/1983）。

人们要教师改变世界。可是，对那些"笨拙的男孩"该怎么办？课堂发言时东拼西凑、鹦鹉学舌，课下做坏事时却能说会道、足智多谋，教师越批评，他们越结巴。为什么在学校里就不会有"灵光乍现的辞章"？为什么没人欣赏那些心里有话、非说不可的孩子们？他们的话语里有点睛之语，有灵光乍现的智慧，周围的成年人只要乐意聆听，就能够发现。

凯瑟琳·舒尔茨（Katherine Schultz）鼓励教师们尽可能利用儿童在课堂上没有说出来的东西、不会说的东西、不允许说的东西以及没有机会说的东西。舒尔茨认为孩子们应该获得更多机会来进行口头和书面的表达，尽管她的主要关注点是认为教师要同样欣赏那些借助沉默来掩饰、培养以及展现的智慧。无论是发言还是沉默，都不能确保学习可以实现。发言和沉默最好都被理解为一种投入和参与的形式，它们能够为学习作出贡献，是教师真正应该关注的东西。舒尔茨认为言说能带来改变，特别是当教师能够聆听那些包裹着言说、让言说可以灵光乍现的沉默的时候。我们需要教师试着闭上嘴巴，去认识学生们偶尔闪现的沉默，学生们利用这种沉默来判断、蒙骗、占用以及干扰成人自以为是的东西。而平常教师就是一些张扬、大声强调规矩的大人物，总是振振有词。

受到批评家褒扬的塞缪尔·贝克特（Samuel Beckett）的两幕剧《等待戈多》（*Waiting for Godot*）中有这么一句话："没有什么事情会发生两回"（Mercier，1977）。有时候，沉默可以达到完全彻底的地步，其中最著名的是印第安文化，最精致的则是（使用能剧①语言的）日本戏剧；即便是莎士比亚也会用到沉默，虽然他用了那么多言语和噪音（Gross，2001）；哈罗德·普林特（Harold Pinter）追随贝克特，把沉默置于核心地位。沉默可以是一个场景的主题，用来表达要表达的东西，而且比要表达的东西本身还要丰富。沉默也可以成为一个系统的关键元素。舒尔茨发现了沉默在教室中的五种涵义：抵抗、不情愿、主张、保护以及反思。沉默的这些功能都是课堂要务，好教师要学会善加利用（McDermott，2005）。

舒尔茨为其他类型的沉默作了命名，在各个仔细聆听的新场景、新

---

① 能剧是日本传统戏剧中的一种，在表演时演员会佩戴面具。——译者注

片段中，她的这个清单还可以继续扩展下去。贝尔纳德·道恩豪尔（Dauenhauer，1980）识别出三种形式的沉默，分别是亲密的沉默、礼仪的沉默以及恶意的沉默，并赞美了"要说的话当中的沉默"的力量。除了那些饱含深意的沉默、请求以及佐拉·尼尔·赫斯顿（Zora Neal Hurston）在一份不涉及学校的传记中提到的"完结的沉默"（finished silence）（在这种沉默中，不会出现那种让人面红耳赤的争论）以外（Hurston，1937/1990），学校抑制和压迫的范围实际上还要更加广泛。希尔关于一位音乐教师的有趣追忆，利用了那些"天之骄子（the anointed）"的让人难以忘怀的沉默（Kathleen Hill，1999）。在我的课堂上，无论是作为学生还是作为教师，我都时刻谨记沉默的双重力量——沉默可能代表恐惧的临近，也可能代表全然的放松。

舒尔茨把儿童沉默转化为师生交谈的机会。课堂管理的努力方向，不是让孩子们保持安静，也不是找一些学生在恰当的时候发言，而是去聆听和培育每个学生心灵深处的东西。残酷而又完全没有必要的轮换规则，以及耗费了教师大量时间的管理角色，掩盖了问题内在的复杂性。没有人会去聆听这些噪声，也没有人能够完全恪守这些规则，包括教师自己。教师的控制、各种社会身份以及学习上的不公平，在每一次提问和回答当中都看似至关重要。但更重要的问题是，谁能被听到，怎么能被听到，以及有什么集体后果。我们应该聆听课堂中的沉默，应该用舒尔茨的语言来理解这些沉默。

雷伊·麦克德莫特（Ray McDermott）

REFERENCES

Dauenhauer, B. P. (1980). *Silence*. Bloomington: Indiana University Press.

Gross, K. (2001). *Shakespeare's noise*. Chicago: University of Chicago Press.

Hill, K. (1999). The anointed. *DoubleTake, 18*, 83–89.

Hurston, Z. N. (1990). *Their eyes are watching God*. New York: Perennial. (Original work published 1937)

McDermott, R. (2005). In praise of negation. *Zeitschrift für Pädagogik, 50*, 150–70.

Mercier, V. (1977). *Beckett/Beckett*. New York: Oxford University Press.

Yeats, W. B. (1983). "The song of the happy shepherd." In R. Finneran (Ed.), *The poems of W. B. Yeats* (pp. 7–9). New York: Macmillan. (Original poem published 1889)

第一章

课堂中的参与和沉默

言说来自沉默，来自充分的沉默。足够的沉默，如果不能导向言说，就可能爆发。……在每个字的背后，都有些东西被掩盖了，沉默一直都是言说的源头。同样地，在每个沉默的背后都表达了某些东西，这预示着沉默能够带来言说。(Picard，1948/1952)

"课堂参与"是教育中的一个重要概念，但是很少得到定义或者进一步的发展。课堂参与经常被理解为学生的口头活动。学生的沉默则很少会被认为对课堂活动和学习有什么贡献。当教师关注参与的时候，他们会把一些特定的行为看成积极的，而把另外一些看成消极的。在全班讨论的环节举手、给出老师预期的答案，常常会被理解为积极的行为(Cazden，2001；Mehan，1979)。不按顺序说话或者不面向全班而只跟一小撮同学说话，则会被认为是干扰行为。当学生没有被点到名就说话时，教师常常会根据说话的时间、内容以及课堂规则，来判断他们的参与是积极的还是消极的。以下这则案例来自一个城市小学五年级的课堂，上课时间是在学年末。

阿马莉·科尔曼(Amelia Coleman)老师举手示意，在引起学生们的注意之后，她提出了下面的问题："什么能让一个故事变成好故事？"按照习惯，她给全班同学4分钟时间思考，在点名回答之前学生可以先把答案写下来。她提醒学生们，想一想这学年已经学习过的内容。过了一会儿，她重复了一遍自己的问题，然后问道："谁愿意第一个作分享？"科尔曼老师从举手的学生当中点了第一个学生的名。这个学生提供的答案是"细节"。科尔曼老师点了点头，表示赞同，然后建议其他同学把这个关于好故事的特点加到各自的答案清单中去。她环顾四周，继续从举手的学生中点名。她叫了一个安静坐着的学生。这个学生看着她，一个字也没说。这时，另一个学生站起来，补充回答说："主题。"科尔曼老师转向这个学生，问道："你说的主题，是什么意思？"这时候，其他学生开始小声嘀咕，说"主题"不是一个好答案。科尔曼老师打断他们，说道："我们可以帮助（这个同学），让他说清楚自己真正的想法。一些潜在的信息可以让故事变得更好。谁同意这一点？"大多数学生点了头。科尔曼老师把这个想法与自己的问题联系了起来，即一个故事需要一个强大、清晰的主题。经过一段简短的讨论，科尔曼老师要求全班学生回忆最近一起读过的一则故事，然后告诉她这则故事的主题是什么。几个学生没有举手就回答了。对于这些回答，科尔曼老师并不满意。于是，她继续追问，直到学生们能够讲清楚故事的主题是什么为止。她认为，这种能力是面对即将到来的考试所需要的。她解释说："这就是他们会问你们的问题。你们得用上你们知道的一切。"随着讨论的进行，同学们不断丰富一个好故事的特点的清单。（田野笔记，2005 年 5 月 6 日）

　　和世界上所有的课堂一样，在这个课堂上，学生和教师都在各自扮演着指定的角色。通常的情况是，教师设定程序，多数学生知道如何回答以及在什么时候回答。一些教师会遵守教师手册上的大纲或者模板，重复那些他们小时候上学时体验过的教学程序。另外一些教师会自己建立不一样的沟通模式。这些模式可能来自他们在大学或者在专业发展阶段学到的课堂常规，也可能是通过近距离观察、聆听自己的学生而总结出来的实践经验。作为回应，学生们也会扮演预期的角色，并且这些角色往往具有顺从的特点。在上面这个场景中，科尔曼老师使用了美国课堂中的典型程序，即教师提出问题、邀请学生回答、评价学生的回答并提供反馈。这就是所谓的"提问—回答—评价"[1]模式（Mehan，1979）。

在遇到一个沉默的学生时，科尔曼老师必须尽快作出决定，是回应那个沉默的女孩、鼓励她作出回答，还是维持整个课堂的节奏？科尔曼老师选择继续讨论下去。她让别的学生补充答案，而不是坚持让那个女孩参与进来，再让这节课继续下去。除了直接评价学生的回答，科尔曼老师还通过一系列类似的简短互动，悄悄地（也可能是在无意中）对学生群体和个体的参与状况作了评价。她关于学生课堂参与的主要证据，就是学生个体是否在交谈中有口头贡献。这个班的大部分学生都"成功地"通过写和说的形式参与到了这节课当中，只有个别学生仍然保持沉默，他们的纸上什么也没写。

可是，这些沉默的学生真的没有参与课堂吗？教师往往把课堂参与定义为口头回答，并且要符合某种常规或者教师制定的课堂话语模式。但学生们能不能不通过大声说话的方式来参与呢？一个学生默默地对一个问题表示赞同，或者为接下来的写作慎重地作些简短的笔记，教师们能不能把这些时刻也作为一种参与？这些参与方式有价值吗？值得注意的是，一个学生的沉默，让另一个学生的发言成为可能。就像有责任参与讨论、作口头贡献一样，学生们对于课堂沉默有没有责任，以便让他人可以发言？怎样才能重构参与，使沉默能够对课堂话语富有建设性或者发挥作用？

教师对课堂沉默的理解往往比较狭隘。沉默常常被理解为一种个体特征。例如，一些教师假设一个沉默的人总是害羞的，另外一些教师则假设沉默意味着一个学生不知道答案，或者故意决定不参与课堂讨论。事实上，课

---

[1] 这里的"提问—回答—评价"模式，指的是"teacher initiates，student responds，teacher evaluates"（本书别处有时候也缩写为 IRE），可以简单理解为"教师问、学生答、教师评"。——译者注

堂上学生的沉默有多种涵义。沉默还可以表示抵抗、无聊、深思熟虑或者策略选择。沉默看似简单，但事实上是一种很复杂的现象。

在科尔曼老师的课堂上，那些面向全班大声说话的学生被认为是参与者，而那些保持沉默的学生则不会被认为是参与者。科尔曼老师给学生提供机会，使他们通过书写或发言的方式来参与课堂。这样，那些在讨论中保持沉默的学生，也可以成为课堂的参与者了。他们完成了自己的答案清单，并且在讨论过程中还为这个清单增加了新的元素。但是在大多数课堂上，学生们只能通过大声说话的方式来参与课堂。

通常情况下，参与是通过发言来实现的，尤其是说一些与教师提出的话题有关联的话。但仅仅关注发言，把发言作为成功参与课堂的依据，掩盖了学生们可能通过沉默来展现的其他多种参与方式。似乎科尔曼老师有这样的假设，即被点到名却用沉默来回应的学生是课堂讨论的非参与者。这种判断或许是对的。因为这个学生可能真的分心了，可能就是叛逆的，拒绝参与课堂共同体。然而这个学生也可能在课堂上扮演了某种角色，即通过沉默来参与。保持沉默可能是别人（包括老师）对她的期望，同时也是她对自己的期望。不管怎样，她的沉默有一个重要的功能：她用沉默给其他同学创造了回答问题的机会。

在本书中，我会展示沉默如何成为一种参与形式，并为教师提供一些和学生一起研究沉默的方法。通过研究学生如何通过沉默参与课堂，教师就可以转变参与形式，改变课堂讨论对言说的需求，为更多的学生参与提供机会。我认为，学生之所以害羞或者不乐意参与，是教师和同伴互动的过程造成的，也是对课堂环境、社会背景以及学生扮演的角色的回应（Wortham，2006）。例如，一个类似科尔曼老师课上那个沉默的女孩子的学生，在一种情境下可能是害羞的，在另一种情境下可能就是开朗的。她在一天里可以是分心的、反叛的，也可能只是扮演群体希望她扮演的角色。联系整个课堂系统来理解一个学生或者一个学生群体的沉默，让教师有机会重新思考自己的教学程序和内容。

实际上，教师和研究者很难研究和介入学生的沉默。关于沉默，研究者很难做田野笔记，也不容易通过录音、录像的方式来记录。事实上，沉默可能会完全超出教师或者研究者的关注范围。为了研究沉默，我和研究生们在 10 个小学课堂里进行了为期 2 年的课堂研究。在分析课堂数据、进行探索性研究以及针对沉默进行写作的时候，我的关注点从沉默的个体转向了沉默在课堂上的作用方式的研究。我从学生个体或整个班级的角度，分析了教师要求学生沉默的时刻。我识别出教师在课堂上可能面对的、可能用到的各种沉默，以及他们对沉默的不同反应。当教师因为沉默的学生而感到挫败时，他们往往意识不到沉默是如何与更大范围的课堂互动联系的，课堂沉默有自己的社会政治发展过程。在我转向课堂互动的时候，我意识到需要把发言和沉默放在一起思考。没有对沉默的考量，就没有发言的空间。正如皮卡德（Picard，1948/1952）所解释的那样，发言诞生于沉默。最终，课堂参与是通过发言和沉默的互动来实现的，这两者都是参与的形式。

这本书是为那些试图更好地理解学生、理解课堂参与以及沉默的人而写的，包括一些预备教师、资深教师、教师教育者、教育领导者以及教育研究者。课堂沉默涉及的问题包括参与、期待和教学实务。几乎所有曾与我交谈过的教师都有关于沉默的故事，无论他们是来自小学、中学还是大学：有的是从某个学生身上感受到了深深的挫败感——这个学生是如此沉默，看起来几乎不能教她；有的是整个班级都陷入沉默，例如在诸如种族这样的主题被抛出来的时候。课堂沉默提出了参与的问题、期待的问题以及教学实务的问题。教师往往不知道怎么应对沉默，在教师教育课程和教师专业发展阶段，也很少有人谈论沉默。通过对沉默的可能内涵的详细讨论，以课堂实例来展示如何应用、应对沉默，本书给教师和研究者们提供了一系列方法和更广义的视角来理解沉默和参与。

　　本章以对课堂参与和沉默的一般意义的总览作为开头。随后，我总结出一种关于沉默的社会文化观点。这个观点告诉我们，沉默蕴含在互动当中，会因背景和场合的不同而有所不同。

一、扩展课堂沉默的观念

　　如果教师不能理解沉默也是一种课堂参与的形式，那么学生就得承受一些严重的后果。对沉默过于狭隘的解读，可能导致关于学生课堂参与的错误假设。例如，沉默的学生可能只有较低的课堂参与分数，尽管他们也是在积极地投入学习。就像本书稍后将要展示的那样，这部分学生对于课堂所作的特殊贡献没有被听到、没有得到认可、被忽视了，因为不说话可能会让教师误以为他们没有学习。对学生来说，他们也很难摆脱"沉默的学生"这个标签。当教师不把沉默作为一种课堂参与形式的时候，一部分学生可能不会投入学校学习，从而脱离整个课堂共同体。

　　教师几乎没有什么方法来判断和评价参与，尤其是在学生数量较多的课堂当中。尽管"参与"这个术语很常见，但是用来描述它的词汇却很贫乏。教师教育课程中有相关的内容，教师、管理者和政策制定者也试图寻找方法来判断它，但是他们在这么做的时候并未深究过参与的涵义。例如，在《不让一个孩子掉队法案》（*No Child Left Behind Act*）下，评估美国学校的指标是"年度进展"（Annual Yearly Progress）。这包括三个方面的内容，分别是表现、参与以及出勤。参与则被简单定义为在考试中表现良好。学生个体常常会在成绩报告单上得到参与分。只要加入集体的课堂常规活动，他们往往就可以得到较高的分数。他们可以和其他同学一起回答教师的提问，也可以在教师引导的课堂讨论中时不时地作出回答。如果他们保持沉默、一切随大流或者很少回答问题，即使他们也在对问题和话题作深入思考，也依然会得到较低的参与分，并被描述为不主动、害羞或者叛逆。在这种环境下，那些深思熟虑或者谨慎的学生，往往也会得到同样的判断和描述。出于某种理由，这些学生被认为是拒绝投入学习的。沉默被视为个体特征，是一种肇因于内的行为，而不是互动的结果。某些课堂条件会让一部分学生沉默，而让另一部分学生发言。另外，为了有说话的空间，也必须有人保持沉默。为了一部分学生能够通过言语得到奖赏，就必须有另外一部分学生因为沉默而受到伤害（McDermott，1974；Varenne & McDermott，1999）。沉默是学生走向成功或失败的一种筛选机制。

虽然有些教师对参与的看法是灵活的，例如有的教师可能认可小组范围内的讨论、认可书面的回答或给学生作准备提示一些要点，但是最终的参与分往往还是依赖于在全班讨论环节的口头参与。在一部分教师的打分标准中，沉默或者多数时候保持沉默的学生的分数几乎总是垫底，只略高于那些拒绝参与或者干扰课堂的学生。给参与打分，意味着鼓励学生通过增加口头参与来提升自己的参与分。这样的参与分有可能反映出学生对学习的投入和思考程度，也可能反映不出什么（Bean & Peterson，n.d.）。

定义与判定参与的难度被以下现实进一步放大，即各个学段的教师，包括小学教师和中学教师，都缺少方法来判断一个学生是否在学习学校课程，他们默认的往往是书面测验以及对课堂讨论环节的口头贡献的衡量。然而，赋予口头回应的参与方式优先地位，会让特定的一部分学生和特定的参与方式获得特权，结果往往是带来了顺从（例如，之所以要发言，是因为教师期望他们发言），而不是深入的思考和学习。这告诉我们，在检查自己的教学实践是否允许广泛的学生参与时，教师要思考一下自己的评价工作的实质，以及这种评价是否给学生提供了一系列参与方式来展示他们知道了什么、理解了什么。

定义参与

我认为，定义课堂参与的第一步，是把参与理解为一种与"贡献"和"联系"有关的行为。在这一背景下，参与包含了任何语言形式和非语言形式的贡献，可以是听觉的（说出来的）、视觉的（画出来的）或者是文本的（写出来的）形式。这些贡献可以为个别学生或者班上其他学生的学习提供支持。那些保持沉默、仔细聆听的学生，参与了课堂中正在发生的事情，一直在跟进讨论的进程，对于整个课堂讨论可能有重要贡献。对某个想法表示赞同、表达向别人学习的意愿，或者给别人创造发言的机会，都是沉默的学生在课堂上作出贡献的方式。如果这些贡献能够增加或者扩展人们的理解，那么就可以说这个学生在参与。因此我们可以把课堂参与定义为任何一种对集体活动有所贡献的行为，而绝不仅仅是口头贡献。这些贡献为课堂上的理解创造和扩展了空间。

近来的学术研究工作，为理解参与提供了一个有价值的概念架构。语言人类学家使用参与这一概念来分析各社会组织的形式，认为它们是通过各种言语或非言语的互动形式来实现的（Goffman，1974，1981；Goodwin & Goodwin，2004）。例如，古德温（Goodwin，1990）用这个观念来理解儿童，看他们如何策略性地使用故事来重组讨论过程中的各种社会安排。儿童之间的争执往往是动态的，这意味着它们往往包含两个人。在对儿童在操场上的争执的详细分析中，古德温展示了儿童如何通过说故事来把外界元素引入到讨论过程中来，并以此来支持自己和改变参与结构。她展示了儿童在争议的过程中怎样把自己的同伴指定为发言者，来提高他们的地位、拓宽讨论的范围。正如查尔斯·古德温和玛乔丽·哈尼斯·古德温（Goodwin & Goodwin，2004，p.231）所解释的那样，"参与在本质上是一种情境化的、多方协作的产物"。这种理解也可以用在教室当中，在这里参与常常被假设为一种个体活动。

　　参与框架（participation framework）（Goffman，1981）在课堂中是有用的，可以把人们的注意力集中到交谈过程中的说话者以及听众身上。我还要加上一条，这个概念框架同样可以用来聚焦制造沉默的各方力量。根据戈夫曼的观点，说话者的话语总是与听众相互联系的。他们的话语受到了社会背景以及这些话语的接收者或者目标人群的影响。这种包容多方、响应社会背景的参与观念，对于把课堂沉默重构为一种社会互动的产物，显得十分重要。戈夫曼进一步解释说，说话者和听众的角色是持续转换的。"参与框架"这个名词，可以让我们从一个语言事件中发现不同类型的参与者和参与形式。这个名词强调了说话者和听众在各种场合下的不同权利和义务。此外，戈夫曼认识到了听众可能承担的各种角色。例如，可以把听众分为"已经授权的"和"未经授权的"听众、作为谈话组成部分的听众以及那些随便听一听的听众。当教师和研究者排除偏见，不再认为听见（或者听）是一种消极、静止的活动，那么戈夫曼的这些概念就变得有用起来。它们可以用来提供一种有关参与的更加复杂的理解。

　　最近的一些研究强调说话者和听众之间的互动关系，关注行动者们怎样合作建构他们共同的生活世界，或者这些行动者生活在其中并在其中行动的情境因素（Goodwin，& Goodwin，2004）。说话者和听众不断调节自己和他人之间的语言和肢体联系，调整自己对于别人是不是投入的理解。他们通过提高音量、改变或调整说话内容来完成调节。对方则通过姿态或面部表情来作出回应，有时候会不说话。这种把参与放到情境性活动中去的做法，强调听众的角色不仅是互动过程中的消极部分，也是建构这个情境的积极参与者（Goodwin，2001）。教师和研究者们通过音量或者身体姿态来识别参与，把这类无声的参与和特定情境下的其他参与者们联系起来，为评估和理解学生对课堂的贡献提供了更多的可能性。

在课堂实践中处理参与

在教师教育课上，小学和中学预备教师一般都会学到一些增加学生参与的小技巧。然而，这些策略并没有给他们提供探索和理解沉默以及课堂上沉默的学生的方法。在许多教师教育课上，预备教师被告知可以通过改变点名技巧来增加和控制学生参与。有时候，教师们可能会依靠学生的自愿回答，就像本章一开始阿马莉·科尔曼老师那样的做法；另外一些时候，教师们可能会用点名簿随机点名，或者用抽签以及别的办法来确保学生时刻准备好回答问题。这些策略确保了在课堂讨论环节有更多声音被听到，也意味着教师对学生负责。但仅仅是这些策略，并未改变课堂机制，教师并未追问或者找到学生沉默的原因。更进一步，这些技术旨在增加课上发言的学生人数，无法兼顾那些被迫保持沉默的学生，也无法应对那些促使学生用沉默来参与的状况。最后，这些技术也不能确保学生的反应方式，增加自己或者同伴的学习机会。

玻勒与汉弗莱斯（Boaler & Humphreys，2005）描述了发生在数学老师汉弗莱斯课堂上的一个有趣的例子。他们分析了一个特殊的时刻，因为教师对参与的理解不同于学生，结果平稳的课堂进程被打破了。作为对希伯特等人（Hiebert，Carpenter，Fennema，Fuson，Wearne，Murray，Olivier，& Human，1997）的文章的回应，高中教师汉弗莱斯相信，让所有学生用口头方式来参与课堂讨论是重要的。她认同希伯特等人的判断，认为"学生们在多大程度上被排除在外、不能参与，他们的学习机会就会在多大程度上被减少"（Boaler & Humphreys，2005，p.67）。更进一步，她怀疑当自己允许学生在课堂上保持沉默的时候，是不是已经允许他们对自己的学习不负责任了。在一项实验中，汉弗莱斯老师告诉学生，她每天都会随机抽取某人作为小组讨论的报告人。她希望这一策略可以确保每个学生都做好了准备，并且能够很轻松地大声说出来。

某一天，有个学生在代表小组作汇报时卡了壳。于是，汉弗莱斯老师向全班同学求助，希望他们能够理解这个学生的意思。学生们告诉她说，替自己的同学汇报，让他们觉得有困难。尽管汉弗莱斯老师认为代替小组汇报比报告自己的答案要更容易，但是学生们却觉得把握整个小组的发言责任重大。尽管汉弗莱斯老师反复强调犯错以及向错误学习的重要性，但是学生们还是担心自己会误解同学的意思。在这个例子当中，犯错就意味着曲解了同学的意思以及不尊重同学，而不仅仅是答错了某道数学题。

汉弗莱斯老师为了增加学生参与而采用的策略没有发挥作用。因为她无意中只关注了特定类型的参与，即替别人作汇报，而这对于全班学生来说有些困难。不过，这个经验也告诉我们，与学生们讨论各种参与类型很重要。这些参与类型可以是教师珍视的，也可以是学生们在意的。当汉弗莱斯继续使用小组讨论中的自愿回答策略以后，更多学生开始参与到全班讨论中来了。汉弗莱斯老师的结论是，由那个学生的沉默引发的她和学生之间的对话是关键性的转折点。

许多教师可能没有花时间，或者不知道该怎么做才能吸引学生参与这样的对话。这些教师可能会责怪个别学生太害羞或者不理解论题，而不是着手应对一系列引起沉默的更宽泛的议题。正如结果所显示的那样，问题完全不在个人身上；或者说，问题与汉弗莱斯老师在课上建立的关于发言和参与的权利与责任相关。在分配口头参与的机会时，汉弗莱斯老师不经意间使用了一种限制发言的程序。

课堂参与带有多重涵义和价值。因此，对教师来说，明智的做法是让这些理解外显化，并且在事情走偏以后及时追问在课堂上发生了什么。教师不能也不应该假设自己与学生对参与的理解完全相同。就像汉弗莱斯老师的经验所展示的那样，理解学生的参与观念，认清学生作为个体希望怎样作出贡献、作为群体成员又希望怎样作出贡献，并且澄清教师自己的期望，这可能是实现富有成效的、平稳的课堂的关键。

认识参与结构

教育研究人员使用"参与结构"（participation structure）这个概念来把握教师组织课堂的方式，而所谓的组织课堂则包含了师生互动、生生互动的不同方式。在一项针对温泉印第安学校的师生互动的研究当中，菲利普斯（Philips，1972）提出了"参与结构"的概念，以此来强调她观察到的各类课堂组织结构中发言机会的分配。她的论点是，家庭和学校的学习环境不匹配，正是这种不匹配的结构导致学生在校期间不良的学业表现。另外一些研究者也使用这个概念架构来研究参与观念，他们把参与与学校表现、与参与学校学习的可能性紧密联系起来（Baquedano–Lopez，2004；McDermott & Godspodinoff，1979；Mehan，1979）。正如古德温（2001，p.174）所说，"对于参与的关注，为人类学者们提供了一个机会——用整合的视角来研究话语群体的成员，看他们如何用语言和内嵌的行动来构造他们的社会世界"。

本书使用的参与结构概念，指的是指导个人通过言说或沉默的方式在课堂互动中作出贡献的各种权利与责任。参与结构往往由教师精心安排并加以应用，其中非常明确地包含沉默，而且教师自己也会在教学中使用沉默。参与结构包含各种口头的、非口头的互动，各种听觉的、文本的以及绘画方式的内容。只要有机会，学生们既可以通过言说和沉默来参与，也可以通过写作和其他方式来参与。

参与结构有各种分析框架，可以用以研究包括沉默在内的课堂中的师生互动。例如，某一天阿马莉·科尔曼老师决定开展一次全班讨论，这反映了她对特定参与结构的选择，这一特定的参与结构包含了一系列权利和责任。另外一天，她要求学生们两两结对子进行讨论，这又是另外一种参与结构，包含了一系列不同的互动规则。参与结构同时还提供了一种机会，来认可和容纳课堂讨论中的各种口头的和非口头的贡献。最后，参与结构还提出了重构参与的需求，使参与成为一种集体过程而不是个人选择。教师可能会根据口头贡献来给学生个体打分。然而，在这么做的时候，教师可能忽略了这样的事实，即参与与否不仅仅是单个学生的责任，还取决于教师和课堂环境所创设的机会。

二、把沉默作为一种参与

近年来，通过对学生发言的密切关注，教师们开始有更好的办法来理解学生知道什么、了解什么（Ball，1997；Rymes，2008；Schultz，2003）。在教师教育课上，预备教师被告知要去关注学生的各种理解（或者学生的各种错误理解），以便把握学生的学习状态。关注学生的言语，可以确保教师在关心学生的学习，而不仅仅是在传授教材内容。正如鲍尔（Ball，1993，1997）和她的合作者们所说明的那样，儿童的口头解说可以扩展教师对学生的内容知识和错误概念的理解，进而通过持续的形成性评价来为教学和课程提供指导。我认为，关注学生沉默并将其作为一种参与的形式，为理解学生和课堂互动提供了更多可能。当教师只关心大声说出来的东西时，他们不太容易关注到哪些东西没有被说出来。至此，我阐明了沉默的一系列涵义以及沉默怎样成为一种参与形式。这就为教师和研究者们提供了一系列工具，帮助他们理解（包含沉默在内的）各类参与形式，并且最终丰富他们对学生进行形成性评价的方法。

在教师要求学生用口头方式参与课堂的时候，学生的沉默往往被认为是学习不投入或者未能参与的一种证据。教师往往缺少概念工具去理解那些在课堂讨论中保持沉默的学生。在面对此类情况的时候，教师可以通过仔细聆听和观察来研究以下这样一些问题。

那些选择不发言的学生，只是因为害羞吗？

他们会不会缺乏相关的知识，或者语言能力还不足以参与集体讨论？

他们是不是在遵守某种文化实践，除非要补充重要的东西才肯发言？

沉默的学生是不是出于某种有意识的抵抗，抑或只是在做白日梦？

另外一些问题与我在第五章描述的类型有关，需要作更系统的考察，它们是：

这间教室内有没有某种身份政治，决定了谁在此时此刻有权在课上发言？

在推动言语和沉默时，教师在环境创设方面扮演什么角色？

在支持一个人发言或者保持沉默的问题上，其他学生的角色是什么？

如果教师自己保持沉默，讨论将会怎样进行下去？

不研究学生保持沉默的纷繁复杂的理由，就很难搞清楚他们到底有没有学习以及如何学习。教师喜欢关注那些用预期的口头发言来回应课堂常规的大部分学生，从而忽略了少数保持沉默的人。我认为学生和教师在课堂互动中应用的沉默，有几种不同的涵义。对于学生沉默和发言的微妙理解，可以改变我们的教学和学习的概念。

这种参与观念是以民主课堂概念为基础的。根据通常的理解，民主课堂强调接纳和包容，强调进入和塑造课堂互动的声音与视角的多样性以及协商过程。在民主课堂中，教师和学生常常讨论学到了什么、学习如何发生以及知识的来源等问题。在民主课堂中，教师既关注发言，也关注沉默（Dewey，1944；Roosevelt，1998a，1998b；Schultz，2003）。在大多数课堂上，学生承担的学习责任是有限的。这意味着学生通过沉默所作的贡献既可能被忽视掉，又可能很好地被自己的老师和同学们理解。增加范围更广的参与模式以鼓励多元视角之间的融合，扩展了对如何寻找、如何识别以及如何应用民主实践的理解。这些实践适用于任何课堂，包括第三章、第四章描述的那些受到官方课程影响而显得空间不足的课堂。正如我在这两章里所阐述的那样，关注沉默、在课堂上引入沉默以及偶尔对参与结构进行改变，都要求教师暂时放下对学业任务的关注。

关注作为一种参与形式的沉默，能引导教师创造一个更加民主的课堂，接纳更多的学生，拥有更多的视角。参与是许多民主课堂概念的核心要素。正如玛克辛·格林（Greene，1995，p.39）所解释的那样：

> 我们认识到民主是一种始终处于生成之中的共同体。民主共同体的标志是不断生成的凝聚力，包括某些共同的信仰，彼此之间的交流与对话，因此民主共同体必须保持开放与包容，不仅是对那些新来者，而且还有那些被弃置边缘太久的人。即使在课堂这样的局部空间中情况亦是如此，特别是当我们鼓励学生发表自己的看法、建构自己的形象时。[①]

为了教会学生参与民主的过程，关键是所有学生都要有机会参与而且教师也要有更多方式去理解学生的参与模式。探索参与和融合课堂（inclusive classroom）之间的关系的主要问题如下：

> 这种参与的本质是什么？
>
> 是否总是需要口头参与？或者我们能不能基于全体学生，运用多种视角和知识来理解民主课堂，而不只是看学生的发言？
>
> 在民主课堂和更包容的课堂上，还有哪些形式的参与？
>
> 怎么将沉默纳入到这种课堂实践概念当中去？
>
> 在理解沉默、将沉默纳入课堂的问题上，教师的角色是什么？

[①] 译文选自玛克辛·格林著，郭芳译：《释放想象：教育、艺术与社会变革》，北京师范大学出版社 2017 年版，第 52—53 页。——译者注

我在本书中会不断重申这些问题，尤其是在最后一章。

三、理解课堂沉默的若干视角

在美国的课堂上，沉默往往只能得到狭隘的、特定的解释：教师们用沉默来得到自己想要的结果，控制他们的课堂；与此不同，学生们的沉默则往往带有消极意味，是学习不投入的标志。从不同学科视角出发来理解沉默，给教师们提供了有用的视角，可以扩展这些常见的理解。在本书中，我强调沉默的一种社会文化概念。学习的社会文化理论认为，学习基本上是一种社会性、文化性的活动，而不是一种个体内部的活动，或者认知性、行动性的活动。这种社会文化活动不能与它的历史、文化、制度背景分割开来（Greeno，1997；Lave & Wenger，1991；Vygotsky，1978）。沉默的社会文化理论把沉默的产生置于课堂共同体之中，以此来证明沉默如何在其社会和制度背景中被塑造出来，以及如何反过来塑造社会和制度背景本身。为了阐明对沉默的这种理解，在这个部分我将描述几种定义沉默的方式。它们来自不同的学科视角，例如社会语言学、文学理论、人类学以及艺术。研究者和理论家们用一些交叉的方式来定义沉默，我将之描述为某种形式的沟通。这些定义内嵌于文化之中，需要基于不同的文化背景才能理解。沉默是个人选择，而不是强加的；沉默发生在一定的时空当中。在接下来的部分，我会延续这个讨论，展示如何用这些理论性的解释来理解课堂沉默的涵义。

作为一种沟通形式的沉默

对于课堂参与的期待，源于一些带有文化特质的规则。在世界各地，年轻人通过社会化学会了在不同时间、出于不同目的进行发言或者保持沉默

（Saville-Troike，1985）。他们所接受的教育是，发言和沉默在师生交往、成人和年轻人的交往中有不同的价值。在一个高度重视或期待发言的情境下，沉默就显得突兀。换言之，如果人们认为沟通需要通过言说来完成，那么沉默和沉默的学生就被凸显出来了。与此不同的是，在讨论尼日利亚伊格博（Igbo）部落对于沉默的应用时，努叶（Nwoye，1985，p.191）解释说，"在伊格博人的交流中，沉默也扮演了重要的角色，沉默通过与言语的对比来表明自身的意义"。努叶认为，与重视言说的美国相比，伊格博人把交流的核心放在了沉默上。

和世界上的许多课堂一样，美国课堂中也有一些关于发言和沉默的隐藏的、固定的规则，这些规则从孩子们入学的第一天开始就会教给他们。例如，教师往往会要求学生保持沉默来强调课堂秩序或者自己在课堂上的权威。与之相反，教师同样也要求学生发言，因为教师会仅仅依据学生的口头贡献来给他们的课堂参与打分。当教师要求学生保持沉默时，暗含的信息是学生需要注意了。学生们差不多都知道，当教师静静地站在教室前面的时候，教师期待的反馈是学生们安静下来、注意自己。尽管在不同种族、民族和文化群体中，沉默对于个体有着不同的意义，但是在美国的学校中，沉默常常被赋予了一系列狭隘的涵义。沉默的学生，要么被认为是"好的"（顺从的），要么被认为是"坏的"（叛逆的或者不聪明的），学生们的沉默很少被认为是刻意的选择。这些规则背后的假设是，发言和沉默根本是相互对立的。然而，更有价值的理解是，沉默和发言相互交织在一起：沉默包含声音，而发言也总是包含了静默，这说明那些关于沉默和发言的二分思维是不完备的（Duncan，2004）。

在社会语言学领域，沉默往往是被忽略的对象。沉默只是被用来划分边界，作为言语的开始或者结束。一般来说，研究者们用不说话来定义沉默，而不是用静默的出现来定义沉默（Saville-Troike，1985；Tannen &

Saville-Troike，1985a）。沉默的重要性，往往是与声音联系在一起来进行衡量的，反之亦然：声音可以通过与沉默的对比，或者与沉默联系起来去理解。萨维尔－特罗伊克（Saville-Troike，1985）写道，区分没有任何沟通的沉默以及那些充满了意义或者沟通的沉默是重要的。沉默可以用来组织社会关系，例如在电梯内人与人之间的沉默。在这个例子当中，沉默没有特别的含义，但是代表了人们在遵守一个隐形的规则（Saville-Troike，1982）。在不同地域、不同文化和不同个体之间，作为一种沟通形式的沉默有不同的涵义。我们对这些涵义的认识，往往都只是基于假设，而没有经过系统的研究。

带有文化特点的沉默

共同体对沉默的解读，影响教师在课堂上对沉默的理解。基奥瓦族作家莫马戴（Momaday，1997，p.16）描述了沉默在印第安课堂上的涵义：

沉默……是强大的。一般的和非一般的事件，都在这个维度上得到了恰当的位置。在印第安世界中，一个字被说出来或者一首歌被唱出来与沉默并不冲突，而是内蕴在沉默之中。在讲故事的时候有沉默，在沉默中预期要说什么或者如何继续，在沉默中聆听内心深处的回响。在口述传统中，沉默是声音的禁区。在沉默当中，语言是鲜活的；语言和沉默都是神圣的。

在美国的课堂上，沉默有一系列涵义，但是很少被认为是神圣的、是故事的生命力或者意义的源泉。然而，在其他的文化中，沉默和发言有着不同的价值和功能。例如，日语中的"腹芸①"，意思是"无声的交流"（Saville-Troike，1982，p.144）。萨维尔－特罗伊克解释说，在日语群体中

---

① 日语中的"腹芸"（はらげい，读作"haragei"）有多重涵义，包含内心戏、心声、沉思默想等。——译者注

"无声的交流"比雄辩更有价值。在有些文化中，选择不说或者保持沉默的人反而更被看重。在另外一些语言群体中，人们相信一个经验一旦被说出来，经验的真正本质就消失了。这种理解，与大多数西方课堂的期待完全相反。学者们把一部分孩子与别人相比显得更加沉默的现象与抚养孩子的实践联系起来，从个体学业成就的角度来看待这种沉默的重要性。这种做法往往反映了一定的文化传统。越是重视个人成就，人们越是期望儿童多说。此外，在成长过程中，与成人或者兄弟姊妹交往更多的儿童，一般不需要像同龄人那样说出自己的需求（Saville–Troike，1982）。

斯科隆（Scollon，1985）认为，我们要换一种隐喻去理解沉默的涵义，去解释那些被认为沉默的人是怎么变成一种刻板保守、迟缓、孤立的形象的。例如，"沉默的印第安人"就是一例。沉默被认为是体现了一种回避交流的决定，其本身并不构成一种沟通形式（Braithwaite，1985）。而事实上，人们常常会选择在何时、何地、以何种方式通过沉默来交流，这类决定往往反映了带有文化特点的互动模式（Braithwaite，1985；Saville–Troike，1985；Scollon，1985）。正如张敬珏（Cheung，1993，p.1）所说的那样，"沉默也有许多种，不同文化之间是不同的"。许多文化既有言语的规则，又有沉默的规则。例如，在对 19 个社区使用沉默的不同方式的考察中，布雷思韦特（Braithwaite，1985）发现沉默常常会以各种方式与模糊或者不确定的社会情境联系在一起。

大多数教育研究不关注沉默的本质，它们记录的是个人怎样变得沉默（Fine，1987，1991；Schultz，2003），以及沉默的视角如何从课程中被忽略掉（Delpit，1995）。沉默过程（silencing）往往被定义为通过一些预定的规则、文本和互动剥夺学生的权利。通过压制声音的作用和结构，让一些特定的个体不得不保持沉默。结果，那些沉默的学生就因为他们的沉默而被认为是低人一等的。例如，女孩子、有色人种学生、酷儿（LGBTQ）^①学生以及有特殊需要的学生，常常被认为是沉默的，而不是他们选择了沉默或者是情境性的沉默。然而，如果我们仅仅把注意力局限于教师、学生和学校制度是如何迫使特定学生保持沉默的，也就是总把沉默理解为消极的，那么我们就会错失机会，无法理解沉默为什么总是容易被忽略（Li，2004；Schultz，2008）。换言之，对于沉默的消极解读掩盖了后文要介绍的沉默的益处和教育层面的价值。

沉默是一种选择

虽然学生有可能"被沉默"（be silenced），但是他们也会主动选择沉默。学生策略化地使用沉默来保护自己、赢得时间，并将之作为一种表达或者参与课堂对话的方式。在课堂中，教师会要求学生沉默（让他们注意教师说话），也会要求学生发言（展示学习成果）。教师的目的是给那些安静的学生提供"发声"的机会，诱导他们说话，而不是去理解他们的沉默。

对于一个教师来说，沉默可能意味着一个学生听从教导、在努力学习，也可能表示学生不感兴趣、无聊甚至充满敌意。沉默常常被认为是害羞、无能以及胆怯的表现，很少会被认为是一种故意不说话的选择。在被理解为拒绝说话的时候，沉默则被假设为反对或者敌意的一种消极表达，而不是一种有可能参与的中介性行为。教师有可能把学生的沉默理解为缺少准备、缺少知识，甚至有可能将其理解为愚昧，这种解读正是固着在一部分学生身上的身份标签的来源。正如盖尔（Gal，1991）所说，学校会基于发言对学生作各种判断、排序、定义和分类。在这些情况下，学生可能被认为是"被沉

---

① LGBTQ 是 "lesbian, gay, bisexual, transgender and queer/questioning" 的缩写，是对"女同、男同、双性恋、变性人"等拥有独特性别和性向的酷儿人群的统称。——译者注

默"的。不过，我们还是可以去考察一个学生怎样通过主动选择沉默，来对特定的背景或者环境作出回应。

何时沉默、何处沉默

我们必须接受沉默，如此才能打开自己的耳朵。（Cage，1973）

我们不要把沉默定义为回避，对其熟视无睹，或者将一个沉默的学生跟消极画等号，我们完全可以把沉默当作意义的载体。作曲家约翰·凯奇（John Cage）用他的作品《4分33秒》（*4'33"*）说明了这一点。这首曲子包含4分半钟的静默。凯奇解释说，在听众不在意的时候，音乐还在持续，沉默已然出现，他的作品就是对"不在意"的一种探索（1961，p.22）。在这部音乐作品中，乐手和指挥保持静默，在超过4分钟的时间里不发出任何声音。通过这部作品，凯奇迫使听众注意沉默，这种沉默充满了声音和意义而不是听众所期待的音乐。在这本书中，我利用这个概念，请教师和研究者们把学生沉默和课堂沉默当作进入意义宝库的一个门径。

在平日的课堂上，学生们会花费大量时间静静地坐着。只要有停顿，沉默就会出现；一旦在字词和短语之间有间隔，沉默也会出现。学者们认为，艺术、音乐、写作、语言以及其他形式的创造都来自沉默。从这个意义上来说，沉默不是空无，而是创造性和思想的栖息地，有时也是保护创造性和思想之所在。当一个学生瞪着眼睛发呆的时候，教师可能认为她分神了、脑子里空空如也。这可能是对的。但是，这个学生也可能正在思考一些与当前的对话没有直接关系的问题。她的沉默让她获得了时间，可以深入思考某一个问题或者话题。

沉默也可以被整合到写作中去，体现在作品和鉴赏两个方面。我们常常是安静地写作和阅读，这个过程中也可以加入沉默。写作中的停顿，是通过空格和标点来体现的。日本文学中有一个专门的符号，用来标记沉默（Saville-Troike，1985）。在音乐中，沉默是用休止符来标记的。休止符表示从一个乐段过渡到另一个乐段。和更广大的世界一样，课堂中的沉默也有意义。

沉默也会和物理空间结合在一起。例如，康斯特布尔（Constable，2005）认为，在进入图书馆的时候，我们总会想到"保持安静"，尽管这个标志实际上很少出现。我们已经学会在图书馆要保持安静，并照着这个规矩来做，说话轻声细语。在人们进来作个人反思或共同反思的时候，贵格派会堂要求他们保持沉默。这些沉默的场合以及服务于沉默的场合提醒我们，正是沉默让某些活动和实践成为可能。例如，在这些场合，沉默可以用来凝神静思。沉默也可以用来计划行动方案，决定个人或者集体下一步要做什么。如第三章所述，课堂中的沉默可以让一个学生坚持自己的意见。有一些沉默是必要的，而且常常与具体的空间和时间联系在一起。我们常常停下来表达对死者的敬意，用沉默来表达尊重和关注。沉默常常被认为是必要的，人们会不加解释地去理解它。在其他时间和地点，我们会把沉默传递给一部分参与者而并非全部。特定的课堂活动能够很快地吸引一部分学生发言，而让另外一部分学生陷入沉默，例如在讨论文学作品的时候。

诸如赞比拉斯和迈克利兹（Zembylas & Michaelides，2004，p.203）等学者，他们不是把注意力放在对沉默的定义上，而是鼓励教师们关注沉默在课堂上是怎样产生作用的：

> 教育情境下的沉默在培育、教育和启发方面的作用，连最好的言语也望尘莫及。而首要的困难在于，要识别和关注课堂公共空间当中的各类沉默，然后才可能创造空间来培养、激励或者丰富这样的沉默。

由此可以看出，他们不是在试图消除沉默，而是鼓励教师们在课堂上创造沉默的机会，关注沉默的功能和意义（Burbules，2004；Li，2004；

Schultz, 2003）。

关注作为一种参与的沉默, 要求人们注意到发言的局限性, 而不是沉默个体的局限性（Schultz, 2008）。正如凯奇和另外一些人所阐释的那样, 通过沉默, 一些观念可以传播得更有效、更有力。此外, 沉默往往是集体的产物, 个人只不过是被赋予了这种沉默。人们更容易把沉默当成个体的一种内部特征, 而不是对于特定观念的策略性表达。维特根斯坦（Wittengenstein, 1961, p.149）提醒我们, "确实有不可说的东西……对于不可说的东西我们必须保持沉默"①。赞比拉斯和迈克利兹（Zembylas & Michaelides, 2004, pp.194-195）进一步说, "试图让每件东西都变成言说的内容, 这种努力是徒劳的; 在说的时候, 有的东西遗失了。我们可以说, 这些丢失掉的东西正是沉默"。沉默可以被认为是那些不能诉诸语言的思想的容器。而且, 沉默常常充满了意义和可能性, 尽管并不总是如此。

四、把关于沉默的若干社会文化理论应用于课堂环境

每一句话都有来龙去脉, 在其中显示出自己的重要性。如果我们足够细致地描述每一句话与正在发生的事件之间的联系, 那么我们就能了解言说的巨大力量, 这种力量可以建构、维系和抵抗这些事件中的已有秩序。（McDermott, 1988, p.38）

---

① 译文选自维特根斯坦著, 贺绍甲译:《逻辑哲学论》, 商务印书馆1996年版, 第104页。在另外的译本中这一句分别被译为:"确实有不能讲述的东西。……一个人对于不能谈的事情就应当沉默。"（维特根斯坦著, 郭英译:《逻辑哲学论》, 商务印书馆1985年版, 第97页。）;"诚然有不可言传的东西。……对于不可说的东西, 必须沉默。"（维特根什坦著, 张申府译:《名理论（逻辑哲学论）》, 北京大学出版社1988年版, 第88页。）——译者注

和一般固有的概念不同的是，把课堂沉默理解为特定时间、空间下互动的产物，这种理解是能够成立的。与所有的言说一样，沉默也有自己的来龙去脉，反映了它的过去和当前的背景，包括围绕它的人以及互动模式。巴赫金（Bakhtin，1981）认为，语言在本质上是社会的，总在经历改变。根据巴赫金的理论，我们的语言（我认为也包括沉默）是先从他人那里获得，然后才变成我们自己的。换言之，沉默和言说都不是我们自己的，而是在与他人互动过程中的一种社会性产物。

在课堂中，沉默通过学生和教师之间以及学生内部的互动而产生。作为对更大范围内传播的话语以及本地生成的话语的一种回应，或者是作为一种言说方式、行动方式，这种沉默反映了特定的信念和身份（Gee，1996；Wortham，2006）。个人只是更喜欢在一些情境中保持沉默，而并非在本质上就是沉默的。我建议教师们不要去关注沉默的个人，而是投入更多注意力，关注如何通过师生互动、生生互动来建构沉默和口头参与。这样，教师就可以回应特定环境和背景的要求，而这些环境和背景本身则受到了更大的社会模式或话语的影响。下面这个片段来自切诺基人一个七八年级的课堂，在其中产生沉默的这些互动方式都可以找得到：

米勒（Miller）老师的课堂是最难理解的课堂之一。因为即使课上静悄悄的，有时候甚至只是一串长长的呼吸，也具有穿透力。这种沉默比再多的言语都要丰富。沉默是威胁、沮丧、责备，充满了暴怒，也可能表达理解、顺从、默许以及挫败。最细微的情绪、姿势或面部表情的改变，都能马上引起关注，因为它们表示沉默的意义发生了改变。沉默的每个不同的形式，同时也代表了不同类型的张力。这些张力从来不会消失，只是在强度上有所变化，这一切都要看米勒老师做了什么。（Dumont，1972，p.355）

在以上这个片段中，研究者们描述了自己在这间由白人教师执教的切诺基人的课堂上的经历。杜蒙（Robert U. Dumont）把沉默放在不同参与者的关系当中来作描述。当杜蒙和他的同事们第一次观察切诺基人的课堂时，他们的结论是沉默表示学生们不知道怎么回答老师的问题、沉默是个别学生的行为或者特征。他们以为沉默反映了语言差异、学生们的害羞或者这群印第安人的某一种特质。然而，在经过多次课堂观察以后，杜蒙了解了教师和学生们是如何互动来生成沉默的。他的结论是：沉默是各种张力的中心，正是通过沉默，各种学习才得以发生。他解释道：

对于语言和沉默背后的东西，师生双方充满了各种误解或者只是偶尔能够理解。这些背后的东西，是师生双方都能强烈感受到、但是从来不曾说出来的那些影响，它们共同掌控着整个教育过程。这个片段只是众多片段当中的一个，其中谁也不是赢家：教师和学生被远远地分隔开，说教和沉默的策略发生了变化——变得具有更强的解构作用。（Dumont，p.357）

通过对课堂的深描，杜蒙详尽描述了一种恶性循环：始于对沉默的错误理解，终于强烈的情绪和误解。

在更早的对于沃格拉拉苏族印第安人（Ogala Sioux）课堂的一项研究中，同一批研究者发现了类似的沉默模式。他们观察了教师专业发展会议，试图更进一步了解教师对于学生沉默的理解。在这两项研究中，（白人）教师都把学生描述成是害羞的、退缩的、冷漠的、胆怯的以及不愿意彼此竞争的。最初，教师们被告知要鼓励学生们"大声说出来"以应对这类行为。最后，教师们诱导学生、命令学生，并且常常向学生们咆哮以让他们说话。尽管付出了很大的努力，课堂上还是有大段大段的沉默。当学生说话的时候，他们的声音也常常是几不可闻的。相反，研究者们看到学生们在课外是吵闹的、热情的、大胆的和好奇的。当需要弄懂什么的时候，学生们一点儿也不害羞或者退缩，也很少会出现语言困难。

杜蒙的结论是，沃格拉拉苏族和切诺基族的学生们在使用沉默来控制课堂话语，从而将教师排除在外。在随后的那个夏季，研究团队重新回到那里，想要看一看这样的沉默能不能被打破。他们发现，当教和学发生在社区里的时候，学生们就变得很健谈。一旦学生们回到课堂，就又变得沉默起来。学生们不是沉默的人，不像印第安人经常被描述成的那个样子，但是这些学生在与教师互动的过程中制造了沉默，尤其是当这种互动发生在学校里的时候。

布雷鲍伊（Brayboy，2004）选择在常青藤大学开展自己的工作，他描述了这些大学中的印第安学生是如何进行策略性选择，以使自己可以根据不同的情况变得可有可无的。他讲述了这样一件事，一个印第安学生决定不去纠正自己的教授，尽管教授向全班同学提供的关于她的部落的信息是错的。她把源于自己文化背景和传统的知识当成了一种特权，布雷鲍伊将其称之为"印第安身份"。这个印第安学生选择在课堂中保持沉默和低调，而不是进行口头参与。她的沉默是经过慎重选择的、是情境性的，她使用"印第安身份"不是因为害羞，而是一种出于顺从和尊重的行动。

对印第安人群中的沉默和参与的研究，强调把对沉默的理解放在特定背景、特定时代下具体的人与人之间的互动中来看。正如麦克德莫特在其关于不能言说的文章中所提出的那样，社会文化视角下的沉默要求我们检验促使人们沉默的条件，以及什么条件可以把人们变成健谈的人。他解释说，"那些人们在其中不发一语的场合，是被某种社会结构绑缚在一起的一群人之间的各种关系的系统结果"（McDermott，1988，p.38）。换言之，制度、互动以及权力机制为沉默创造了条件。"不能言说"是这种现象的一个很好的例子。人们很少思考，到底是什么导致了一些人健谈而另一些人不健谈。即使是我们中最健谈的人也都清楚，有些时候他们也会无言以对。

在美国的学校里，有几类人常常被刻板化，被认为是沉默的人群，这包括印第安人、亚洲学生、不易感化的学生（可能是也可能不是有色人种的学生）以及羞怯的中产白人女孩。"沉默的印第安人"或者"害羞的亚洲学生"形象，把沉默当成个人特征，而不是互动和社会背景的产物。从社会文化的视角来梳理有关沉默的学生的文献，为理解沉默在课堂上的作用方式提供了一种重要的选择。这让我们可以更好地理解学生在不同背景中的沉默的意义和功能。

例如，亚洲女孩往往会因为沉默而受到表扬，这种沉默常常就等同于顺从。正如张敬珏（P.22）所解释的：

安静的亚洲人被认为是不诚实的、羞怯的、狡猾的，最重要的是"不能理解的"。类似的，妇女也被认为是神秘的和不能了解的。亚洲人也会被认为是温顺的、柔和的以及服从的，被冠以"模范少数族裔"的称号，这就像沉默的妇女在传统当中得到的赞美一样。

根据张敬珏的观点，对于亚洲妇女的描述有自相矛盾之处。然而，李（Stacey J. Lee）在一所美国中学里关于赫蒙族美国学生的研究，把这个刻板印象进一步复杂化了（Lee，2005）。在这所学校，参与学校活动的学生被认为是"好学生"，包括参与现场的课堂讨论。李解释说，她观察的两个赫蒙族学生在课上常常沉默，这可能是因为他们的语言不够流利，缺少关于白人、中产阶级学校在参与规则方面的知识。

在一份虚构的回忆录《女勇士》（*Woman Warrior*）中，汤亭亭记录了类似的现象（Maxine Hong Kingston，1989，p.166）。她说：

当我得知我非讲话不可的时候，上学便变成了痛苦的事，沉默也变成了痛苦的事。我默不作声，可每次都为自己默不作声感到难堪。在一年级的时候，我大声朗读课文，可是听到的却是沙哑微弱的声音。"大声点。"老师说，却把那一丁点声音又吓回去了。别的华人女孩也不讲话，于是我们明白了，沉默的原因是我们是华人。①

在这个例子中，年轻女孩的沉默在她的老师、同学和她本人看来，是课堂里的一个种族特征。她和自己的老师、同学一样，不清楚社会结构如何把她变成一个沉默的学生，也不清楚她和同学们是如何在这一标签下实现共谋的。学校的社会组织以及对于参与的狭隘定义，把沉默当成了个人的某种内部特征，把她当成了一个沉默的中国女孩。可能她的老师认定并接受了她的沉默，而非通过改变课堂参与结构来鼓励她说话。尽管在其他时候沉默被认为是一种缺陷，界定并且限制了她在学校的投入程度，但是在大多数时候她会享受这样的标签。从社会文化视角来看，理解这种沉默的最好的办法就是去检验她的沉默的情境性。在这一类情境当中，她表现出沉默，同时也被别人认为是一个沉默的学生。但是，这种沉默不是"她"沉默，而是课堂上的每个人共同参与建构和维系的沉默，这种沉默强化了社会对刻板印象的认同。

基于在印第安人社区进行的一项长期研究，巴硕（Basso，1990）描述了西部阿帕奇印第安人中的个体是如何依赖社会关系，决定说话和保持沉默的。他发现，在这个社区中，沉默往往表示当时的社会关系是模糊的、不可预测的或者是威胁性的。例如，在遇见陌生人或者人们之间关系疏远时，印第安人最初会保持沉默。而对于这个社区的成员来说，说话前先成为别人的伙伴是重要的。外来的新元素被认为是冒昧的、没必要的。这些观念与这样的信念有关，即塑造社会关系是一件严肃的事，而且需要一定的时间，需要小心谨慎的判断。和课堂外的世界一样，当决定在课上保持沉默时，这些信念和行动扮演了重要的角色。

---

① 译文选自汤亭亭著，李剑波、陆承毅译：《女勇士》，漓江出版社 1998 年版，第 150 页。——译者注

20 世纪 60 年代后期，人类学和社会语言学研究提供了一种基于人群的对中学生的沉默的解释（Gilmore，1985；Philips，1983；Tannen & Saville-Troike，1985b）。这类研究把作为课堂边缘人群的学生的沉默问题化，强调教师在"被沉默"过程中的角色。这类研究的结论是沉默创造包容的参与结构，为发言和互动提供机会（Au & Mason，1981；Erickson & Mohatt，1982；Philips，1983）。这些参与结构常常是为特定人群设计的，这样课堂就能有更强的文化回应能力。其用意是基于学生的优势，建立尊重的课堂，而不是去补救学生从家庭所在的社区带来的缺陷。这样做的目标是增加发言，以便增加学生的参与。这项研究的启示是，发言是学习的保证，不同群体使用不同的方式来发言或者保持沉默。

这项研究关注那些学业容易失败的学生，并且往往是用文化上的不匹配来作解释；那些在学校表现不好的学生，是因为他们的家庭文化与学校的传统和期待不匹配。这类结论是基于这样的假设，即认为学生来自一个统一的、单一的文化，而在课堂上主要体现的往往是白人中产阶层的文化。最近一些社会文化和语言人类学理论对于个人和群体规则的建构过程提供了解释，认为这些规则是在与更大的社会文化模式的互动过程中建立起来的。例如，在沃瑟姆（Wortham，2006）为社会认同提供的解释中，理论基础是个人会利用本地建构的身份模型，同时也会利用那些在时间和空间两方面都得到广泛流传的身份模型。霍兰等人（Holland, Lachicotte, Skinner & Cain，1998，p.271）描述了他们所谓的"实际身份"（identity in practice），探索了它与主体性之间的关系。根据霍兰等人的观点，人们是在"典型世界"中或者在文化共享的实践中来建构自己的身份的。他们强调把即时性作为一种实践，这种实践描述了"人类行动者、个人和群体在对自己作重新定向（或者带着能动性去行动）时，从哪里开始（沿着集体文化和社会建构的边缘与缝隙）、用什么方式以及有什么困难（Holland, et al.，1998，p.278）"。根据这些理论，人们会因为不同的背景和经历而具有不同的身份。这些身份都不是内在的，不能与社会背景和互动过程相脱离，而是内嵌或者包含在实践当中。因此，汤亭亭描述的那个中国女孩子的沉默，或者杜蒙的研究中切诺基学生的沉默，只能通过观察特定时刻课堂上的一系列互动，从整体上来理解。教师可能通过观察不同场合下沉默是如何在课堂上被制造出来的，来理解"沉默的学生"这个身份。但是，学生并不总是沉默，他们的沉默是对具体情景和活动的回应。此外，正如沃瑟姆所说的那样，学生们合作建构，让他们的同学成为特定类型的人，包括成为沉默的人。

理解沉默如何发挥作用、和学生们一起研究这种沉默，可以更好地理解教和学的可能性。我在本书第五章会详细叙述这一话题。这类关于沉默意义的考察，目的在于发展共同的理解、建立理解课堂沉默的社会文化架构。把沉默当成反映具体环境以及具体时间的互动模式或者参与方式，这一认识改变了关于"沉默的"学生的一般理解和假设，把对沉默的解释置于课堂环境外更广大的背景之中。这为应对沉默提供了不同的方法和一系列策略，随后的章节将逐一展开。

五、本书的组织

在本书中，我提出了一些理解学生沉默或者群体沉默的方式，我认为这些沉默与整个课堂系统相关，是更大的社会文化模式的产物。此外，我描述了教师如何在自己的课堂上有意识地应用沉默。

在第二章，我讨论了沉默如何在课堂中发挥作用以及沉默的形式，描述了学生使用沉默的一些方式。我阐明了学生在课堂上使用沉默来实现不同功能的五种方式，以此作为沉默的意义的典型代表。沉默可以是某种形式的抵抗。一个学生可能会出于蔑视或者别的什么理由，拒绝按照教师的要求或者学校的政策去做。例如，不愿意当众表演。学生们用沉默来行使自己的权力。同样的，学生们把沉默当作一种自我保护。他们常常用沉默来应对各种创伤。最后，学生们也可能用沉默所提供的空间进行想象或者巩固自己所学的知识。这一章希望能引起人们对于学生应用沉默的一系列方式的关注，以便为教师和研究者们带来一些新的可能性，更好地理解和回应学生的沉默。

在第三章，我通过一年级课堂上的各种互动模式，探讨了课堂参与的各种规则，以及各种参与结构所允许的不同类型、数量的发言和沉默；当然，这些参与结构本身也受到发言和沉默的影响。我从教师怎样把沉默整合到自己的教学实践和学生学习中入手。随后，我探索了马蒂·戴维斯（Mattie Davis）老师在自己的课堂上引入沉默或沉默时段的方式，以及她如何通过创造新结构、增加和转变学生的参与来打破沉默。

第四章探索了重新理解课程的若干方式，这一方面可以应对（不是"去除"或者"替换"）学生的沉默，另一方面也给学生提供了一些备选方案来参与课堂，在其中沉默也是可以被接受的。我展示了一年级教师阿马莉·科尔曼的工作——在本章开头部分已经提到过她了。她与一组研究者合作建构了一种课程，可以反映自己学生的生活、经历和文化理解。在课堂上加入多模块的方式是一种方案，可以让教师主动参与、让学生在课堂上能够实现我所谓的"参与式在场"（participatory presence）。这并不是说教师总要设法在自己的教室里去除沉默。我更想说的是，教师要学会解读学生的沉默，把他们的沉默视为一种线索，借此去了解如何给学生的参与提供更多可能。

最后，在第五章，我描述了教师如何用一种研究的态度来对待自己课堂上的沉默，以便理解沉默在教学中的多重意义和可能性。这一章提供了一些具体的工具来研究课堂发言和沉默。此外，这一章还探讨了这些成果在教师教育上的应用，强调了对于新手教师和预备教师来说，关注学生沉默从而理解学生发言的重要性。

教师一定会向往安静的课堂。当一个班级失去控制或者太过吵闹的时候，教师就会设法寻求安静的沉默带来的东西。与此相反，教师也可能会惧怕沉默的课堂。当教师提出问题却没有人回答的时候，教学就会停顿下来，教师就要寻求新的方案。通常，教师的做法是再重复一下问题。在其他时候，教师可能会换一个话题，或者换一种方式来处理这个问题。有时候，她还会把讨论的责任交给学生。无论是哪种情况，沉默都会促使教师重新考虑自己的教学。每个教师都可能遭遇过那些让人不舒服的沉默的课堂、沉默的学生。有一些学生很少发言，或者只在特定的场合说话。对教师来说，他们很难判断一个不乐意发言的学生是不是在学习。有时候，沉默的学生可以被说服去发言，而在另外一些时候他们坚决不说话。

本书考察了沉默的学生以及沉默的课堂，以扩展和加深教师、研究者对于这种现象的理解，把沉默重新建构为一种贡献，或者一种"沉默的心声"。本书的目标不是消除沉默，或者在课堂上否定那些沉默的学生，而是阐释道理和提供一些工具，从而去理解沉默的多种形式和功能、理解沉默在课堂上的角色、理解沉默能够被视为某种参与形式的若干种方式。

第二章

沉默的各种形式和功能

一个悄悄说话的同性恋学生，坐在中学英语教室的后排。她爱英语课，尤其是写作。她觉得自己是一个诗人，坚持每天写日记。不过，她决定在课上尽量少说话，以保护自己，免受同学们的偏见的伤害。她通过写诗描写自己的生活和选择，虽然这些并不能得到同学们的共鸣。于是，她选择沉默。虽然她也会参与讨论、设法作出贡献，但是她会设法让别人不注意自己。（改写自 Blackburn，2002/2003）

比起沉默的学生和课堂，吵闹的学生和喧哗的课堂，更能引起教师的关注，尽管教师觉得自己应该控制或管理那些大呼小叫的学生。沉默的学生更容易迎合教师对于维持秩序的渴望，更重要的是这部分学生也被认为是更容易教的。为了区分教室里的每个学生，教师往往给他们一一贴上标签，而那些格外吵闹的学生和格外沉默的学生都是最突出的。这些无言的标签，可能扮演了一个过滤装置的角色，借此教师可以认识和理解学生们的行为。这些标签也可能是整个班级在无意中产生的，诸如"沉默的学生"这样的标签可能固着在一部分孩子身上，而另外一些标签则赋予了整个群体一定的特征。根据性别、种族、阶级、性向等对学生进行分类，"非常害羞"是个人标签，而"安静的亚洲学生""吵闹的黑人女孩"以及"沉默的印第安人"则是群体标签。

然而，这些标签一定是不完备的。教师可能会把一个学生的害羞，归结为他的个性使然抑或是家庭出身的缘故。这个教师不会去考虑，为什么这个学生会在特定环境下害羞？害羞对他来说意味着什么？他是怎么被他人以及自己认定为"害羞"的？例如，如果一个教师不知道某个学生是同性恋、不知道在课堂以外的那些嘲弄，他就不知道如何去解读这个学生的沉默，因为这种沉默可能是多种不同因素交叉作用的结果。对于那些通常被认为属于沉默人群的学生来说，教师往往会在没有充分信息支持的情况下，就假设他们的沉默有一些特定的内涵，譬如顺从、不安全感、抵抗或者无聊（就像第一章所描述的那样），沉默的涵义是极其多样和独特的。詹森（Jensen，1973，p.252）解释说："沉默可以传达轻蔑、敌意、冷漠、反抗、严酷以及仇恨；但是，沉默也可以传达尊重、友善以及接纳。"通常，需要不止一个主题词来把握个人沉默或群体沉默的性质和行为：在一种场合下个人沉默可能反映了敌意，但在另一种场合下却在表达敬意。

　　从群体的视角来解读沉默，总是显得过于轻率。正如我们在第一章中所描述的那样，教师可能假设亚裔学生在整体上是沉默、顺从的，会假设印第安学生在特定的讨论中是有所保留的。这些"特征化"可能成为一种有用的工具，对于所教班级规模较大、充满各种类型的学生的教师来说尤其如此。然而，当我们把沉默当作一种社会建构的、有情境特殊性的现象时，这样的"特征化"常常就会破灭。在大部分场合下，群体内部的差异与群体之间的差异类似甚至还要更大。识别群体模式，有助于教师调适自己的课堂结构和常规。在这些模式之外，进一步看到个体差异性，可以让教师把自己的学生当作个体看待、支持学生们的优缺点（Pollock，2004，2008；Schultz，2008）。理解这些模式在不同环境和社会背景下的变化，为教师理解课堂机制提供了一种更好的方式。教师还能够借此来理解课堂沉默和沉默的学生是如何被塑造的，这受到如何成为一个学生的流行模式的影响，同时也影响了这些流行模式本身（Wortham，2006）。

　　作为对本章核心概念的概述，我会从对一名叫作路易斯（Luis）的中学生的简要描述开始，他的故事我在本章稍后部分还要再次谈到。

路易斯是一个来自墨西哥裔家庭的诗人，他的家族在本地帮派中有很深的根基。他在家和自己的父母面前说西班牙语，在学校里说英语。在亲眼目睹好朋友遭遇枪击死亡以后，他决定退出帮派、申请入学。他请求离开帮派，并且得到了允许。此后，老师发现，他在学校里发生了非常明显的变化。他还是选择坐在教室后排，很少说话。尽管他常常关注课堂讨论，也完成自己的作业，但是他要让自己看起来是不投入的，掩盖自己对许多学科的浓厚兴趣。与此同时，他的同学和老师在他发言的时候都会仔细聆听，因为他的发言往往包含洞见，能够影响讨论的主题和方向。

寻找导致路易斯沉默的唯一理由，这样做当然很有诱惑力。但事实上，几种对于沉默的相互交叉的理解方式，才能提供一个更精细的图像，来说明沉默在路易斯和同学、教师以及本地课堂环境的互动中所扮演的角色。通常，路易斯的老师认为他是一个叛逆的学生。然而，正如本章所讨论的那样，一些貌似叛逆的样子，同时也可以被理解为路易斯自己的策略。这些策略反映了他对学校参与的理解。简言之，在路易斯认为重要的时候他就参与，在他觉得没有什么好贡献的时候就保持沉默。通过选择什么时候发言，他恰恰为讨论作出了重要的贡献：他的发言和沉默都是有力的。他发言前后的沉默，往往能强调他说的东西，能够吸引教师和同学们的注意。

路易斯的沉默，从课堂扩展到了他的生活：他会选择性地披露自己的生活、兴趣，当他选择在这些话题上保持沉默的时候，就是要让这些话题远离学校。例如，他很少展示那个写诗的笔记本，他要保护它。他似乎是要保护其中的内容，而更进一步的则是要在一个充满威胁的世界里保护自己。与大多数处在极度贫困城区学校里的学生一样，路易斯决意留在学校也与创伤有密切联系，他的沉默也是如此。尽管这些都出现在他的诗歌当中，但这些创伤性的事件却很难通过大声说出来的方式来让人了解。最后，在校外和在校内一样，路易斯都是通过沉默来思考问题和整理自己的想法。他需要更多的时间，这可能与他作为英语学习者的现状有关，抑或与他渴望将诗歌作为一种表达方式有密切的关联。尽管他有时候也可能会分神，但那常常是在写诗或者是对课上听到、读到的东西感到困惑时。在这些情况下，他的沉默恰恰掩饰了他对于学校学习的专注和投入。

在本章中，我探索了路易斯经历中出现的五类沉默：沉默作为抵抗、沉默作为权力、沉默作为保护、沉默作为对创伤的回应以及沉默作为创造性和学习的空间。这些类型来自我自己的课堂研究，这些研究包含系统的观察和文档记录。同时，这些类型也包括来自各个学科的已出版的关于沉默的研究报告和文献。正如路易斯的案例所示，尽管我是逐一讨论这些类型的，但是沉默的功能和应用是多样的，而且往往会有集中的表现。这都是一些建议性的类型，而非定论。区分这些类型，是为了重新定义课堂沉默的性质和功能。更为重要的是，这也可以给教师、学生和研究者们提供一种新的方式，去理解学生沉默以及沉默在课堂上的作用。

一、沉默作为抵抗

一种常见的解释是，沉默代表了学生对学习的抵抗，或者代表了学生对课堂参与的抵抗。这通常带有一种消极的意味。然而，还有更多的方法可以把沉默理解为抵抗。沉默可能代表拒绝学习，或者出于一系列复杂的理由而拒绝参与教师的课（Kohl，1994；Schultz，2002）。重新定义沉默，把沉默看作是微妙的、背景性的而不仅是消极的，为把沉默和抵抗作为某种参与形式提供了一种更宽泛的理解。通过沉默，一个学生可以在抵抗作业的同时也参与课堂。这可以通过以下这则民族志研究的片段来了解，研究的内容是学生从中学到工作场所的转变（Schultz，2002，2003）。

要从高中毕业，对丹尼斯来说是很轻松的。她通过了所有科目的考试以及阅读和数学的州考。对她来说，剩下的就只有一个高级项目[①]。这一年的早些时候，她就发起过一个反对高级项目的学生抗议活动。他们声称学生没有及早得知这个项目，是教师改变了规则，给学生毕业增加了一个障碍。尽管有这项抗议，高级项目还是得做，只是作了一点调整。当英文老师和政府学老师提醒她需要做高级项目的时候，这个项目包括向一个评价委员会作公开发表的环节，丹尼斯对此默不作声。她拒绝参加有关这个项目的讨论，尤其是关于公开发表的那部分。无论他们的话题是什么，她守着自己的底线，坚决不说。在相当长的一段时间里，事情就一直这么僵持着。最终，教师妥协了，打破了沉默。他们告诉丹尼斯可以选择把她的发表内容录制成磁带，提交给评价委员会，这样就免除了项目中的公开发表部分。丹尼斯照做了，然后顺利毕业。（改写自 Schultz，2003）

在这个例子中，学生的沉默表示拒绝服从特定的课堂活动或学校活动。这不是丹尼斯的第一次抵抗。尽管是一个好学生，丹尼斯也经常拒绝做某些作业。她可能会安静地坐在教室后排，直到全班都已经完成作业以后再重新参与课堂。这些作业几乎都是一些小组任务，包括一些口头陈述的环节。她不喜欢和同学们合作，尤其不喜欢站在全班同学面前。同时，丹尼斯也是个倔强的学生。在她看来，教师就是要提供信息，而她的角色就是这种知识的消极接受者，然后在个人化的考试和作业中展示这些掌握的知识。如果教师不承担自己的角色，丹尼斯就拒绝服从教师的指导。她是个很厉害的学生，

---

① 卡内基报告中建议所有学生都要完成一种高级项目（Senior Project）的研究，即一篇专门探讨某个有意义问题的书面报告，这篇报告要涉及学生学习的不同领域。——译者注

这些拒绝或沉默并不太影响她的成绩。

高级项目则不一样，如果丹尼斯拒绝的话，就会妨碍她毕业。她的老师不允许这种不声不响、拒绝回答的行为，要她作出妥协。毕竟如果拒绝的话，代价太高。在访问中，丹尼斯解释说，她之所以会抵抗高级项目，是因为在人前说话她会感到害羞，而且她也不愿意成为公开表演的一部分。她对高级项目以及其他课堂任务的抵触，并不会让她与学校产生隔阂，也不是某种有政治意味的表达。事实上，在大多数学校活动中，丹尼斯都会到场参加。学生的抵抗以及表现出抵抗的沉默，可能有多种多样的形式，包括丹尼斯展示的这些。通常，学生会因为对学习内容不感兴趣而抵抗，也可能是因为他们未能充分认识到上学读书或完成教师布置的作业的无法拒绝的理由。他们的沉默可能反映出一种自我评价，认为主动参与并不能给他们带来什么学业成功的机会。这种评价有时候可谓一针见血。这种抵抗可能采取沉默的形式，也可能借助一些别的选择，譬如选择坐在教室后排与同学说话，鼓动大声的、负气的争辩，或者搞一系列其他的小动作，不一而足。

还有其他理由会让学生把沉默当作一种抵抗的手段。选择不说话，可能是一种拒绝被控制的行为（Duncan，2004）。正如明－哈（Minh-ha，1990）所解释的那样，与说话类似，沉默也是一种话语，是想要"不说（unsay）"或者拒绝参与优势话语。丹尼斯拒绝公开报告自己的高级项目，选择做一个录音带，用一种更谨慎的、有些微不同的方式来表达她的想法。一个学生可能对于口头参与有抵触，因为发言的可能性或者对于讨论的贡献都太受局限了。如果只有特定的话才是被接受的，那就不值得说什么了。学生们的这类决定，既是个人性的也是群体性的。教师可能会责备沉默，责备那些抵抗的个人或者群体，把他们当作"懒蛋"。但教师也可以去重新思考自己的教学形式和内容，重新思考自己提供给学生的表达机会。尽管这些额外的思考会受到官方课程和考试压力的限制，教师还是可以照顾到学生的兴趣以及学生最欢迎的学习形式，以此来转变自己的教学实践。这部分内容我将在第四章中作详细介绍。

福德姆（Fordham，1996，p.39）把抵抗解释为故意拒绝学习。她认为这种状态既不同于学业失败，也不同于顺从，因为她把"顺从"定义为"无条件接受社会意识形态的要求"。根据福德姆的看法，抵抗同样表现了学生在学校里希望实现的东西，是对别人低看自己的一种反驳。她说，黑人女孩的顺从和随之而来的学业成就是通过沉默来获得的；沉默可以让她们对抗教师和学校管理者的期待，最终让她们取得学业成功（1993，1996）。

不过，关键的问题是要学会理解和应对学生的抵抗，而不仅仅是理解他们为什么抵抗，然后就允许他们不参与课堂。借助沉默来表达抵抗，常常表现为学生对学习不够投入。福德姆解释说，首都中学学生的沉默和抵抗，掩饰了他们对学习的投入和在学业上的成功。然而，更经常出现的状况是，与沉默联系在一起的抵抗被看作一种消极反应。当教师遭遇消极的抵抗时，出于一种挫败感，他们往往会去责备学生，而不是去追究当下的教育环境以及自己的教学与课程选择。面对一个总是沉默、总是抵抗的学生，教师该做些什么？这真是个难题。

如果抵抗被认为是天生的，例如说一个学生是易怒的、无聊的或者冷漠的，那么教师就很少会采取什么干预措施了。而如果抵抗被重新定义为合作的产物，那么教师就可以采用一些不同的方法，把自己的课堂建设为一个认可学生、尊重学生的民主空间，一如第三章、第四章所描述的那些课堂。从更多样的视角和方式看待学生学习，可以让学生借助沉默更多地参与到学习中来。与其想办法消除沉默或者抵抗，教师还不如寻找工具去分析课堂参与的结构，分析学生作业以及关于学生的假设，重新思考我在第五章所论述的参与学习的可能方式。无论是沉默还是抵抗，都不是学生的个体行为，而是合作的行动，是与一系列复杂的课堂机制和更大范围的社会机制相联系而建构出来的。

洛德（Lorde，1984，p.42）关于妇女，尤其是黑人妇女的作品提醒我们："我们需要去聆听女性用来参与社会的各种声音和沉默。我们不但要理解妇女说了什么，还要理解她们拒绝说什么，以及她们为什么不说。"这种对于声音和沉默的认可，也同样可以扩展到所有的课堂参与中来。洛德提出，我们不是要消除沉默，而是要理解为什么某人会拒绝说话，以及她拒绝说的是什么。这种分析认为，作为抵抗的沉默或者对于参与课堂学习的拒绝，不应该被简单理解为一种针对学习和参与的消极状态，它也可以被理解为一种针对复杂的、政治性环境的合理反应。

二、沉默作为权力

有一些沉默是因为不能说，有一些沉默是因为不愿说。（Kogawa，1982）

正如丹尼斯的例子所说明的那样，抵抗行动往往与权力运用相关。下面这个场景来自一项针对西海岸某所多种族高中学校的追踪研究（Schultz，2003）。这个例子描述的是本章一开始提到的路易斯，说明了他在教室里如何用沉默来表现权力。这个场景是其他的几个类似场景的产物。类似的场景反复出现，体现了他在课堂上应用沉默和话语的个人模式或者特征。

在高中政府学课堂上，路易斯坐在教室的后排。课堂讨论的主题是约翰·埃德加·胡佛（J. Edgar Hoover）作为美国联邦调查局局长的历史角色。这个主题他们已经讨论了几个星期。学生们热情地陈述自己的观点，讨论胡佛以及他在建立联邦调查局的过程中所起的作用。因为学生之间有一些根本性的分歧，他们的声音一个盖过另一个。路易斯的笔记本打开着，他这几周一直在保持沉默。几乎是在这个学期的期末，他才第一次面向全班表达自己的想法。在他发言的时候，路易斯对于讨论中逐渐形成的共识大加挞伐，他提醒包括教师在内的每个人，注意最近看过的一部揭露胡佛反同性恋立场的影片。在一种很少会出现的沉默中，同学们细心聆听他说的话。他的话改变了接下来的讨论方向。在他发完言以后，这个话题重新获得了生机和热情。

一开始，他的老师和我是这样解释他的状态的：懒散地窝在教室后排的座椅上、穿着一身吊儿郎当的帮派行头、眼神空虚无聊。这些解释意味着路易斯在学校被当作一个不投入学习的人。出于偶然，我们好奇他是否缺少相关的知识来参与一场热烈的、多种族的并且主要由黑人构成的课堂讨论。我推测他的英语程度差，可能并不是他不经常参与课堂讨论的原因。无论是他的老师还是我，一开始都没有让他去解释这种沉默。我们都知道他对诗歌感兴趣、对与墨西哥文化有关的话题感兴趣。在很多时候，我们很难理解他在学校里保持沉默而在放学后又努力写东西的决定。他的学习和写作，看起来很难与学校里的学习联系起来（Schultz，2003）。

投入与不投入

在他这次讨论的发言以前，我都没有意识到在他选择的沉默背后的权力关系。我把他一开始的沉默当作不愿意参加讨论的标志，而不是看作他在反思主题的标志，以及怎样让自己的回答更有影响的一个可能线索。我后来认识到，路易斯在课堂讨论过程中既是投入的也是不投入的。他表现冷淡，让自己远离讨论，与此同时又注意并且思考同学们的评论，然后想着自己怎么去回应他们。对他的沉默，有几个可能的解释。当时，无论是他的老师还是我都没有追问，因为我们的注意力都放在了其他的方面。尽管我一开始并没有决定要在这间教室里研究沉默，但是在我近距离观察课堂的动力机制时，沉默的重要性开始变得清晰起来。因此，对于作为研究者的我来说，只有保持一定的距离再来反思这一场景，路易斯沉默当中的权力关系才逐渐清晰起来。

路易斯的沉默可以被认为是一种反思，或者对于发言的审慎选择。我们也可能把他的这种不常发言的选择，与他的墨西哥裔身份联系起来。要知道，在这所学校的拉美裔和非裔学生群体内部以及相互之间，存在着某种持续的张力。或者，他的这种选择也可能被解释成对传统学校课程的拒斥，毕竟在传统学校课程当中很少有空间来研究墨西哥人。路易斯可能对讨论一直感到兴趣了了，直到他发言时为止。最后，他的发言还可能被理解为拒绝参与一个拥有复杂的种族、文化机制的课堂。这是一种自我保护性的反应，而不是拒绝参与学习活动（Schultz，2008）。虽然没有一种简单甚至单一的解释，但是路易斯的决定最终的确吸引了同学们的注意，使他有机会把沉默作为一种权力。

我可以为路易斯的沉默提供几种可能的解释，这些解释来自每日的田野笔记以及访问，代入了我自己对当地背景和这种场合的社会文化的理解。关键是，无论路易斯的意图是什么，沉默最终带来的都是复杂的后果，沉默让同学们开始认真听他说话。像他所做的那样，选择性的发言让他在关键时刻掌控了对话节奏。路易斯对于这节课的贡献，比那些没有结果的参与显得更为重要。在他说出自己的看法时，这次讨论对于路易斯来说就变得重要了。在一般情况下，观点往往通过语言来赢得力量。但是，在这个例子当中，路易斯的沉默在他的观念和讨论过程中扮演了一个关键的角色。

路易斯出生于墨西哥帮派，他的爸爸、兄弟以及其他家庭成员都属于同一个帮派。在一次访谈当中，他说自己是靠着写作活下来的。在他的诗中，他描写了自己成长过程中所经历的深刻冲突和情绪体验，写作能帮助他表达自己、让他对自己的生活保持一种观察的视角。尽管他的那个三孔活页夹里有不少诗，但是他很少给老师和同学们看。他在学校里的态度是，完成符合毕业要求的最少作业（Schultz，2003）。看来，他把学校里的学习，和那些对他来说至关重要的书写和言说隔离开了。然而，路易斯偶尔也会积极地加入课堂讨论，放弃一般情况下的那种冷淡状态。和上面描述的情况一样，在这些时候同学们会高度关注他那表达得很好的观点。对路易斯来说，沉默因为极少的发言得到了强化，而不是削弱。

　　老师没有要求路易斯说明自己沉默的原因。他们假设路易斯在学校里不乐意参与。直到在这场对话的结论部分所说的那些话之前，路易斯选择保持沉默时所包含的权力运用都是不清楚的。不能把路易斯的参与简单归结为不参与或者抵抗，我认为他和所有的学生一样，在讨论过程中常常是既投入又不投入的。教师通常采取的一个假设是：一个学生的持续沉默表示他没有投入学习。路易斯关注对话的过程，有意识地选择在什么时间、用什么方式来对集体讨论作口头参与。尽管没有加入讨论，但是路易斯在思想上持续保持对讨论主题的关注。有时候，路易斯会借助语言和沉默的力量，谨慎安排自己的陈述来吸引别人。作为一种主体性行为，路易斯会选择在什么时候不发言、在什么时候发言。在这么做的时候，他会关注时间、对某些主题和对话表示蔑视。他策略性地选择在什么时候用口头方式来参与课堂活动。与其说路易斯的声音受到了老师、同学或者学校制度结构的压制，或者路易斯采用了一种抵抗的立场，不如说他的沉默和随后的发言改变了课堂讨论本身。

　　只关注发言，掩盖了沉默可以作为一种权力符号而被整合到话语中去的各种方式。正如福柯（Foucault，1977，p.27）所解释的：

　　沉默本身……与所说的事情一起发生作用的某个成分相比较，在总体策略中与这些事情之间的关系相比较，是对性言论不那么绝对的限制，是被严格界限分离的另一个方面。……沉默的形式不只有一种，而是多种，它们是言语的基础并渗透其中，它们是各种策略不可分割的组成部分。[①]

福柯认为沉默能够包裹和强化言语，并渗透于其中。沉默不只是语言的边界，也被编织到言语当中，它的意义是未确定的。不只是关注沉默或者发言，福柯和另外一些人（Cage，1961；Li，2004；Sontag，1969）促使我们把沉默和发言作为一个连续体。正如路易斯的例子所说明的那样，不论是沉默还是发言，都可以让人在与他人的联系中建立起"我是谁"的观念。通过他使用的沉默策略，我们可以对路易斯的参与进行描述，正是这种沉默让他的少数发言显得更有力量。

政治性的抵抗

弗雷（Foley，1996）为沉默和权力的关系提供了另外一种解释。在一部关于一所传统白人高中学校里的马斯魁金族印第安学生的作品中，弗雷挑战了人类学和社会语言学对于印第安学生学业失败的一般解释。他认为这些解释忽视了抵抗和种族歧视的现象。他研究发现，白人教师把土著学生的"沉默"状态理解为缺乏学习动机的标志，对这部分学生只给予较低的期待，结果加剧了消极互动和沉默。教师期待得越少，学生从学习中退缩的现象就越严重。在这个印第安人共同体中，更年幼的学生是积极的、吵吵闹闹的。但是，到了六年级，他们就开始退缩。弗雷发现，在学校待的时间越长，这部分学生就变得越沉默。他在与学生的谈话中得知，学生们把他们的沉默解释为一种针对新环境、陌生环境的反应。这种解释，在这所印第安人保护区外的高中学校里相当普遍。学生们担心如果回答得不正确会被人嘲笑。沉默同样也体现了他们的愤怒、冷漠和无聊。通过更进一步的访谈，弗雷的结论

---

① 译文选自福柯著，黄勇民、俞宝发译：《性史》，上海文化出版社1988年版，第20页。舒尔茨在这里注释的出处为《规训与惩罚》，这是一个错误。——译者注

是马斯魁金族学生的沉默，根植于学校的种族和政治抵抗之中，而这种政治
环境是由白人管理者、白人教师和白人同学所控制的。

马斯魁金族学生决定要保持沉默，这是一种自我保护式的政治性表达。
这种沉默虽然包含权力运用，但最终在结果上还是打压了他们的权力。关注
个别学生的个体决定同样重要。弗雷发现，有些学生害羞，而另外一些学生
则显得叛逆。这两类学生对学校有着类似的反应，他们都选择保持沉默。然
而，对于所有的学生来说，沉默的代价都是高昂的，以至于许多人在毕业前
就离开了学校。他们的政治抵抗以一种伤害自己生存机会的方式作为结局。
尽管在此时此刻显得很强大，但是抵抗减少了他们的机会。可能教师没有关
于沉默的工具和知识去理解学生的选择，结果就把这部分学生归为一类，冠
以"沉默的印第安人"，或者更糟糕的"懒惰又没有抱负"的标签。可见，
这群学生的政治性表达并没有被学校听到。对于社区里的教师和成人来说，
这项研究的首要启示是，沉默是有目的的、有意义的。第五章为这种探索提
供了一些工具。如果教师和成人能够意识到这种政治性抵抗，他们有时候就
能够加以干预，将其导向学习和批判性分析。学生的沉默可能包含强有力的
表达，但是这种表达恰恰导致了更少而不是更多的教育。

重新思考失语状态

在教师研究和教师教育的作品中，往往不把沉默作为学生的一种主动
的、策略性的应用，而是把沉默与学生的失语状态联系起来。印第安人、亚
裔、工人子弟的女孩以及同性恋学生，是在美国学校中常被提到的一些"失
语"的亚群体。我认为这个概念是有问题的，因为它并未考虑到大声表达以
外的其他参与方式。在 20 世纪 90 年代的一项针对白人中产阶级家庭女孩
子为什么在学校里不发言的研究当中，研究者们声称女孩子应该被赋予发
声的机会和参与课堂的权利（Rogers，1993；Taylor，Gilligan，& Sullivan，

1995）。通常，伴随沉默而来的是严重的后果。诸如吉利根（Gilligan，1982；Brown & Gilligan，1992）这样的关系心理学家发现，当女孩子们被迫去遵守不同的集体规则时，她们常常会否认或者隔离自己已有的信念和知识。这种沉默有潜在的危害，可能导致学生退学或者不参与学校活动（Raider-Roth，2005）。另外，对一部分工人子弟来说，为了学业成功，这样的脱节可能恰恰是必要的（Walkerdine，Lucey，& Melody，2001）。对教师来说，重要的是学会区分和识别不同类型的学生沉默，包括退缩的沉默、被迫的沉默以及允许学生投入学习的沉默。

尽管学生常被同学、老师和学校教育制度描述为沉默的或者是失语的，但是沉默很少被理解为是在维护和应用一种强大的、能动的立场，体现了文化传统和个人选择。在一个具体的、受到一系列隐形规则控制的课堂上懂得应该在什么时间、以怎样的方式来保持沉默，与在什么时间、以什么方式来发言一样重要。了解言语和沉默的力量，对于成功的课堂参与来说是重要的。人们倾向于按照一系列深层的规则来行动，这些规则控制着日常互动中的言语和沉默。

菲利普斯（Philips，1972，1983）在报告中说，温泉印第安人上学之前，已经有一套精致的关于时间选择、地位和关系的规则。大部分主流的学生懂得这套规则，它们就内嵌在课堂互动当中。只有当这套规则与主流以外的那些学生出现断裂或不同时，沉默才能被关注到。教师的角色不是给学生提供说话的权利，更重要的是去建立更明确的沉默与发言的课堂规则。对于学生来说，保持沉默在当下可能很有用。但是这种沉默也可能带来一些始料未及的后果。在什么时间、用什么方式来发言或者保持沉默对于学生来说是重要的事。

对沉默和发言的关注，强调选择沉默的行为如何让一些人保持权力、传递权力。同样，这种关注也强调西方传统是如何依靠发言而不是沉默来表示一个人的在场。"策略性沉默"（Goldberger，Tarule，Clinchy，& Belenky，1996）这个词，指的是个人有意选择沉默的场合。例如，巴硕（1979）在报告中说，西阿帕切族人会用沉默来排斥外来的白人。教友派选择把沉默整合到自己的日常活动包括决策过程当中去，把沉默作为一种行动和政治抗议，而不是一种消极的反应（Baumann，1983）。有时候，女性拒绝参与由男性主导的话题，也是某种形式的沉默和权力（Gal，1991）。同样的，女权主义者和教师对于沉默的使用可以被理解为"一种主动的转化性实践"（Lewis，1993，p.3）。李维斯把女性的言语和沉默称为双重话语，将其视为女性实践的一部分。他的结论是："言语是用沉默来衡量的"（p.134）。无论是不是有意为之，在发言之前保持沉默，常常更能够让人聆听。在其他的情况下，例如在马斯魁金印第安人（Foley，1996）当中，沉默可能带来误解和错误的教育。基于一种宽泛的沉默概念和一些研究沉默涵义的工具，教师就更有条件来对学生沉默中的权力作出回应。

对于作为权力的沉默的反应

把沉默理解为权力，向教师们提出了如下几个问题：

如何基于个人选择和身份类型去理解沉默和发言的使用？

我们什么时候会把沉默看作一种参与？什么时候会推动学生去说话，以便让他们的声音能够加入到课堂讨论当中来？

我们对于沉默的关注与否，如何强调甚至掩盖了课堂互动和权力机制？

我们怎么用沉默推动讨论进程，来探讨学生会以什么方式、在什么时间选择用沉默和言语的方式来参与？

如果把参与等同于发言，并且每天为路易斯的课堂参与打分，那么路易斯可能会拿到一连串的不及格。而如果教师的打分是基于路易斯本学期的整体贡献，以及他对于本学科的兴趣和知识，那么他很可能完成得挺不错。最终，路易斯既通过沉默，也通过发言来参与课堂。正如所有的喜剧演员都知道的那样，时机恰当的评论能够改变人们的想法，并产生影响。在路易斯的例子中，说话的时机让他能引起同学们的关注，让他的发言产生了更大的影响力。教师需要更好的方式来把特定类型的沉默作为参与。在这些场合，学生们在参与，但并不说出来，又或者只是说少数几句有影响力的话。与此同时，教师需要当心关于参与的假设。沉默可能只是意味着不投入。路易斯可能会分神，又或者会出于个人理由每周来"点卯"，而不是等待时机在适当的时候发言。在这个例子中，无论发言有没有力量，都是学生重新投入或者参与学习的标志。

认为课堂话语包含发言和沉默，这对教师来说意味着什么呢？这个观念怎么改变我们的一般理解，来判断路易斯这样的学生到底有没有投入学习？沉默和发言相比，既不是更重要的也不是更不重要的，一切都要视环境而定。把沉默作为权力符号来分析，阐明和加深了我们对于课堂参与的理解，包括了口头回答之外的东西。一个教师可能会扩展自己关于路易斯的参与的理解，把路易斯以沉默的方式来加入讨论的选择也算进来。这样教师就能看到诸如写作和私下说话等方式的非口头贡献，重视路易斯所作的那些加深了讨论深度的评论，而不是把什么样的发言都当作参与。把路易斯的沉默和发言当作某种形式的参与，让我们可以重新检查自己对于学生角色的评价，对于学生在课堂话语和学习上的贡献的评价。

沉默可能是对权力的应对，也可能是对权力的声明。当一个人用沉默来回应一个问题或者进行陈述的时候，这种沉默可能被忽略，也可能被重视。在标准的"教师问、学生答、教师评"的问答模型中，教师会通过说话（例如回应说"答对了"）或者沉默、完全不作回应去评价一个学生的回答。在学生回答之后，教师的沉默本身就是一种评价，是一种包含了意义［与杰夫·舒尔茨（Jeff Schultz）的私人交流，2007 年 6 月］。评价信息可能包含在教师的体态或者表情中，也可能包含在沉默以及沉默所代表的东西中。

当教师点一个沉默的学生的名字时，可以说这个学生就获得了某种权力。作为互动的结果，教师可能会感到沮丧，因为他无法从这个学生身上得到回应。大多数教师觉得，自己除了打分、负面评价以及威胁之外，没有什么更好的办法去说服学生发言。可是这些技巧只对一部分学生管用。我认为与其去威胁或者恳求，教师完全可以试着去理解学生的沉默，借此来巧妙地获得学生的回应。说服学生发言，并非教师能用的唯一的参与策略。理解沉默可能代表的内涵，这是对话和合作研究的一个有价值的起点。把沉默当成包括流行的关于"如何做学生"的模型在内的更大系统的一部分，可以让教师去理解某个学生如何匹配某种类型或者身份模型，而这些课堂上的备选类型和模型都是师生共同塑造出来的（Wortham，2006）。

三、沉默作为保护

和那些生活在城里的非裔美国同学一样，扎吉雅（Zakiya）从学校回到家里以后，也要花不少时间来做事。除了她的妈妈之外——她说妈妈更像一个伙伴，还有朋友、邻居、孩子和老人，他们都需要她照看。然而，这些角色和责任，对她的许多老师来说很难充分理解。有一天，扎吉雅的一位老师询问她，为什么她没带铅笔和本子就来上学。扎吉雅回答说："我这周没有买铅笔的钱。"她的老师回答说："你可以去给别人照看小孩来挣点钱嘛！"扎吉雅几乎每天下午都要照看孩子。只不过，和那些来自低收入家庭的同学一样，她干这样的活是没有收入的。扎吉雅一言不发，用满脸的不高兴来回应这位老师。扎吉雅没能继续升入八年级，不久以后她就从学校退学了。（Schultz，2003）

以上这个片段取自一项针对初中学生的追踪研究，时间刚好在废除种族隔离的命令被解除以后。这个片段说明，学生可能把沉默作为自我保护的多种方式之一。扎吉雅的那些白人中产阶级的老师和同学，对于她的家庭、目标以及愿望所知寥寥。扎吉雅把这一切都掩藏在自己的沉默背后。看起来，扎吉雅在用沉默的姿态遮掩自己的家庭和社区生活。这些都不为学校社区里的其他人所理解。对她来说，把自己的一部分生活掩藏起来、不被别人注意到，可能是有必要的。通过两年多的课堂观察和对教师的访问，我们的结论是，教师把扎吉雅的反应当作了又一个固执和叛逆的例子。而事实上，扎吉雅告诉我们，在这一年的那个时间点，她实际上在很努力，想要重新回归学校。周围的种种环境和诸多假设，似乎都在和她作对。教师有必要尊重扎吉雅对于自己家庭生活保持沉默的需要，尤其是在课堂这样的公开场合。

对学生沉默的一种常见反应是推动教师"让学生发声"，坚持要学生在公开场合说话，用他们自己的想法为公开话语作贡献。这对于把教室建设成为民主空间来说可能是重要的。教育学者强调学生的声音在重新定义教、学和学校教育问题上的重要性（Cook-Sather，2002，2006）。我认为沉默可以被理解为学生的一种声音。我鼓励教师从更广泛的背景出发，理解学生怎样沉默、为何选择沉默以及什么时候选择沉默是适当的，以此与学生之间建立一种信任关系，让学生获得更多在学校学习的机会。声音有不同的涵义，可以是大声说出想法，也可以是把学生的想法和视角整合到教与学当中去。在这里，我指的是后一种理解。我认为沉默是学生发声和参与的一个重要方面：参与既可能是有声的，又可能是沉默的。

沉默不是一种个人特征。扎吉雅不是一个害羞的人。在学校餐厅和朋友们在一起时，扎吉雅说话大声、吵吵闹闹。她的家庭、社区、学校以及课堂环境，她与老师和同学们的互动，以及她可以选择的实践和身份，共同导致她决定在特定时刻采取一种沉默的伪装。就像她在随后的访问中所解释的那样，她的沉默是某种形式的保护。

大多数学术研究都会关注沉默对于学生取得学业成功的阻碍（Carter，2001；Raider–Roth，2005；Tayler，Gilligan，& Sullivan，1995），而沉默的工具性目的却很少被人认识到。例如，学生有时候会用沉默来伪装他们的才智。他们会选择沉默，或者更准确地说是保持安静，用某种形式来伪装自己。在有些情况下，学生会在公开展示自己的才智时选择沉默或者妥协，来确保自己是受人欢迎的（Schultz，2003）。这种无可避免的选择带来了消极后果。

不同于有关沉默如何妨碍学业成功的研究，尤其是针对白人中产阶级女孩开展的那些研究，在关于主要由黑人学生构成的城市高中里学习好的女孩子的研究中，福德姆（1993，p.17）描述了学业成功的黑人女孩子们是怎么通过保持沉默来获得高分数的。她解释道：

> 在首都中学，学习好的女孩子最显著的特点是有意的沉默，她们对于参加活动保持克制并且模糊自己作为好学生的角色。结果，沉默作为学业成功的一种策略，很大程度上在这所学校里变成了一种下意识的选择。在高中发展和应用这项策略，让那些学习好的黑人女孩子们能够转移一些潜在的以及并不那么潜在的敌意和愤怒。如果她们学习好，又常常出风头的话，那些敌意和愤怒会直接针对她们。

扎吉雅的沉默主要是为了保护自己，对抗学校的制度性实践。不同的是，福德姆研究的女孩子们通过沉默成为被制度认可的成功的学生。福德姆解释说，学习好的女孩子们害怕说话，因为说话会把注意力吸引到她们身上来。她们懂得利用沉默来改变别人的看法。结果，她们就真的这么做了，在课堂上"好像缺席而不是在场"（1993，p.21）。她们下意识的行为，让她们可以在学校制度内取得成功。

与扎吉雅的经历不同，福德姆（1993，p.24）总结说，首都中学的女孩子们借助沉默来应对今后生活中可能遭遇的困难。这涉及家庭、冲突和学业成功之间的折中：

遗憾的是，首都中学里学习好的女孩子们并未认识到，她们的母亲和看起来没有什么帮助的老师们，在无意中帮助她们铺就了一条远离黑人社区的生活道路。在这种生活中，她们将是一群经过"双重折射"的"他者"。作为"双重折射"的"他者"，这些黑人女孩子们之所以能在"那里"生存下来，在很大程度上是靠着她们的生存能力——她们能在一个饱含冲突、困惑、疏远、孤独，充斥着较多不明不白的开始与结束、激励和失败的地方生活。在这种生活中，她们的家庭和多种联系都变得不再重要。

这些黑人女孩子们受到她们生活中的成年人的教导，同时在主要是黑人的学校里接受教育。她们在这里学会了沉默，而后又因为继续求学而远离自己的社区。这也是一种危险的选择。沉默在不同的地区、不同的时代有不同的意义。福德姆进一步解释说，这些成绩好的黑人女孩子们使用沉默，是对抗和反对学校官方对她们的低期待的一种有意行为。她把这种习得性的沉默比作一种性别通道。选择保持沉默，这些女孩子们就能够保持一种不被看到的状态，从而以一种相对来说伤害更小的方式，在开始下一段生活之前安全度过眼下的学校生活。这种对沉默的解释，与大多数教师和研究者的解释是冲突的，后者往往把沉默解释为一种倔强的抵抗。扎吉雅等人的这种沉默，与社会分析无关。他们在丹尼斯的例子的基础上，增加了我们对于抵抗的理解。

贝尔·胡克（Hooks，1989，pp.5–6）描述了在自己还是个小孩子的时候，是怎么被教会要保持沉默的。这时候，沉默被当成了一种生存工具。她知道"说出来很重要，但是只能用那些不被人听见的方式来说"。在孩提时代，她因为说话而受过罚：

话多的女孩子不会被"点名"，也不会得到合法的、有好处的说话机会。我因为"回嘴"受到的惩罚，是要压制所有的说自己想说的话的可能性。这些话被压制了，"适合女孩子家说的话"才会出现。

作为一个孩子要学会沉默，是为了确保她作为一个黑人女孩儿能够在校内外生存下去。通过练习，她发展出了一种可以用来沟通的沉默的声音。

汤亭亭（p.172）从一个新亚裔移民的角度，记录了类似的经验：

正常华人妇女的声音粗壮有威。我们华裔美国女孩子只好细声细气，显出我们的美国女性气。……我们几个人干脆不再作出讲话的努力，只是摇摇头，一个字也不说。我们中有几个连头也不摇。……① 除了那个在中文学校也不说话的女孩以外，我们都发明了一种美国女孩的说话方式。

为了在学校里取得成功，汤亭亭和她的同伴们不是去冒充男孩子们，而是用一种沉默的姿态来复制"美国"（白人）女孩儿。具有讽刺意味的是，这种沉默的姿态却被当作亚裔美国女孩的特点，进一步把她们和那些白人伙伴们分离开来。把沉默理解为亚裔美国人、白人或者黑人的一个特点，未能考虑到那些历史性和社会政治性的时刻。用沃瑟姆的理念来说，对于新近的中国移民来说，可选的关于怎么做学生的流行榜样就是做一个沉默的学生。他们的老师和同学都参与了这个过程，把他们建构成了沉默的人。这种解释早已提出来了，并成了亚裔美国人读书上学的一种刻板方式。邓肯（Duncan，

① 译文选自汤亭亭著，李剑波、陆承毅译：《女勇士》，漓江出版社1998年版，第155页。另外，在这个中文译本当中，漏译了这一句："除了那个在中文学校也不说话的女孩以外，我们都发明了一种美国女孩的说话方式。"——译者注

2004）解释说，在汤亭亭的回忆录《女勇士》中，"说话和沉默都被概念化为一种性别化的沟通手段，受到主体地位、移民身份以及心智的影响"（p.25）。我要补充的是，发言和沉默也受到课堂背景以及更广大的社会文化模式的影响。

在提出把沉默转化为行动的时候，洛德（p.41）解释说，"我的沉默并不保护我，你的沉默也不会保护你"。洛德（1997，p.256）相信，沉默掩盖了恐惧，并且沉默对于应对恐惧也是必需的。在一首名为《为了活下去的祷文》（*Litany for Survival*）的诗中，她表达了这个观念：

> 说话时，我们害怕
>
> 我们的话，不会有人听
>
> 也没有人欢迎
>
> 但是，在沉默时
>
> 我们仍然害怕

思考一下你会在什么条件下选择说话，而不是保持恐惧和沉默，这一点特别重要。类似的，反思年轻人会在何种条件下不说话，或者不应该说话，这一点也特别重要。洛德告诉我们，人生在世十分短暂，我们要选择如何用自己的声音生存下去或者活得更好。

理解导致沉默的原因，可以打开一些重新思考学生参与的可能性。在一些学校和课堂里，常常充满了嘲弄和排斥。年轻人，尤其是青少年，常常会在这种情况下选择沉默或者退缩，在这些行为面前保护自己（Bosacki，2005；Finders，1996）。他们的沉默不仅是个体选择，也是一种与他们的老师、同学以及课堂、学校和更广大的社会互动关联的结果。扎吉雅的沉默和福德姆研究的那些女孩子们的沉默，让她们保持一种必要的不被人关注的状态。那么，怎么才能把这些同样的沉默，重新定义为一种有保护功能的在场呢？教师可以从建立一个强调关系和信任的课堂来着手（Raider–Roth，2005）。此外，教师还可以给学生提供一些通过沉默来说话的方式，用一些对他们来说相对安全（即使不是完全安全）的方式，让他们被聆听到。理解说话的危险（以及保持沉默的危险），这对于面向全体学生的教学来说本是题中之义。把沉默解读为出于保护的需要，尊重这种需要并且克制自己的言语，这一点同样困难、同样重要。

四、沉默作为对创伤的回应

许多年轻人，他们经历过不同类型的创伤，包括被虐待、与移民有关的经历、与赤贫有关的经历等。这类创伤带来的一个后果是，他们没有办法描述自己所处的环境，常常沉默。罗杰斯（Rogers，2006，p.3）关于经历过严重创伤儿童的心理诊疗作品，以自己少年时期对创伤的反应作为开篇：

我站在走廊上。黑影爬到了 15 英尺那么高，然后被一些黑色的细铁杆分割成一个又一个的菱形。在我上方，一个架子突出来，黑方框在走廊上投出长长的阴影。我已经超过一个月没有说话了。我站在走廊上，感到每件东西都很清晰。沉默向我袭来，告诉我：钥匙在远处的门厅那儿，脚步在脚垫上擦来擦去，一只松鼠在光秃秃的地上扭着脚步跑向三层楼下的落叶。谁都对我没有什么期望。我躺在破旧的床上，瞪着天空发呆。

罗杰斯解释说，16 岁时她因为在家里遭遇的一次创伤，连续 5 个月没有说话。这件事让她担心，自己说的东西可能会被误解。对她来说，沉默既是抗议，又是保护。通过沉默，她抗议别人的干预。罗杰斯的沉默使她免受无情的、充满误解的世界的打扰，给自己提供了一条退路。在保护功能之外，她的沉默也是因为找不到适当的语言来表达那些已经出现在她生活中的事。这种找不到适当语言的经历，在课堂上也不同程度地发生着。缺乏适当的语言，这往往与上文探讨的保护性需求有关。而在另外一些情况下，缺乏适当的语言是因为他们感觉到，语言不能恰当地捕捉、传递与创伤有关的情感、观念或者经验。这正是本部分的关注焦点。有时候，这两个方面会紧密联系在一起。人们发现自己没办法用语言对创伤作出回应，或者很难只用语言来表达。沉默常常与痛苦的回忆联系在一起，为痛苦的回忆保留了一席之地。

罗杰斯描述了在与遭受虐待的青少年在一起时，沉默在其中发挥的作用。她解释道，"对我来说，每个字都包含了不能说的东西，所有的语言都要经过转译"（p.294）。换言之，所有的语言都包含沉默。通过转译，一些语言能被转换为非言语的符号，譬如表情、耸肩、改变姿势或者沉默，尽管语言的其他方面更容易被转译为言语或其他的可识别的符号。我不认为所有的语言都能被转译为公共话语的口头表达，我鼓励教师去解读学生的沉默，认识到观念、感受和贡献都可能内含在沉默当中。

沉默可以成为那些难以诉诸语言的思想、回忆和事件的载体。如果条件发生变化，人们可能会说出来，尽管教师的目标不仅仅是让学生说话。与儿童经历的创伤性事件有关的案例不胜枚举，而且这样的事情还在儿童个体和群体身上不断地发生着。这类事件通常都在历史视野之外，代表了某种特殊类型的沉默和某种形式的沉默过程。对于事件的参与者来说，他们遭受的巨大创伤让他们处在一种失语的状态中，这些创伤是不能说的。

例如，山本（Hisaye Yamamoto）对于第二次世界大战期间拘留营里的日裔美国人进行记录，描述了那些戴着沉默"面具"的日本妇女使用的策略。她解释道，"在美国的社会经济中，种族、性别以及性给妇女们带来了创伤。受这些创伤的影响，女人们会把掩饰当作一种抵抗的策略。借助这一策略，她们的身体（也通过她们的身体）和主体性得到了关注"

（Yamamoto，1994，pp.100–101，载 Duncan，2004）。妇女们通过沉默抵抗和躲藏，并把这作为一种表明自己身份的方式。

沉默与记忆相关，包括历史记忆。麦克莱尔（Maclear，1994，p.9）详细分析了一部由亚裔加拿大人制作的口述电影，内容中有关于日裔加拿大人在二战拘留营中的经历。他解释说，电影中的停顿和未被剪辑掉的沉默表示"回忆过程中的缺失和断裂"。尽管有的人对这些断裂感到不安，麦克莱尔却认为这些断裂是启发性、说明性的，"它们告诉我什么东西没有说，提醒我有些事总是在一种不能言说的状态中，甚至是在未意识到的状态中"（p.9）。尽管学生们不会把自己的回忆诉诸文字，但是回忆在他们的课堂生活中也有类似的呈现。

施泰因（Stein，2004，p.99）认为，记忆有时候是存储在身体中的，"身体有自己的历史、记忆、想法、感受以及欲望。身体有自己的语言和沉默。我们的身体是知识的存储器，但是这些知识并不总能诉诸言语或者通过言语被认识到。它们可以被感受到、想象出，能被画出来或者想到"。我们把那些不能诉诸语言的观念存储在我们的身体中。它们被包裹在沉默中，很少被转换成大声说出来的语言。教师的任务不是去强迫学生揭开这些记忆，而是要关注到这些记忆就在那里，然后提供条件来支持学生的学习和成长。许多教师可能无法像麦克莱尔那样轻易地指出断裂在哪，或者像施泰因那样熟悉沉默的实际存在。然而，能意识到说话中的沉默或者断裂可能隐含着重要的内容，这本身就是一个起点。

在有关创伤以及导致沉默的因素中，总有不能言说的、未被意识到的方面。正如麦克金德里克（MacKendrick，2001，p.4）所解释的那样：

我们许多人会嘲笑不会表达的人，嘲笑不会表达这种特性本身，并且假设一个人不能表达自己，就是缺乏教养或者没有口才……（然而，这些）问题本身是更加复杂的……即使在最精致的言语中，也包含意义缺失，而所缺失的正是沉默。

正如麦克金德里克所描述的，沉默常常意味着不可言说。有一些记忆、感受和想法超出了个人把它们转换成言语的能力和愿望。

在一次关于如何用多元方式对自己国家在种族隔离、种族歧视方面所做的努力的讨论中，一群南非女孩解释说，"有时候我们没有话说，但不表示我们失去了肢体语言"（Stein & Newfield, 2002）。对有些人和有些情况来说，言语并不能包含他们想要交流的意义和感受。此外，把想法和事情转化成口头或书面语言，也可能太痛苦了。另外一些表达方式可以给人们提供许多传达感受、知识和想法的机会。这一点，我在第四章将要作阐述。理解口语和书面语的局限性（尤其是当学生已经遭受过创伤时）以及课堂背景的限制，可以让教师和研究者们重新理解沉默，把沉默当作一种积极的、策略性的选择，而不只是一种消极的反应。

在特蕾莎·车学耿（Theresa Hak Kyung Cha）的作品《口述》（Dictee）（Cha, 1995）当中，沉默是一种不同的讲故事的方式。车学耿应用文本性的沉默和一种更加公开的沉默形式说明，我们能使用的语言的限度如何导致一些想法"不能言说"或者不能理解。正如邓肯（p.219）所解释的："对车学耿来说，'不能言说'包含了她所记录和经历的事实在不断受到威胁和抹除。"（P.219）许多年轻人生活在成为课堂和学校的"隐形人"的威胁之下。为了不被看见，即为了保持一种不可见性，他们作出了何时说话、何时沉默的日常选择（Brayboy, 2004）。如坎普诺（Campano, 2007）所说的那样，沉默是一种呈现，会随背景和时间的不同而不同。

教师和学生可以采取多种方式，来应对这种由于表达或传递不可言说的东西而带来的挑战。正如第四章所描述的那样，教师可以尝试提供空间、采用各种方式以及材料去表达那些不能说的东西，让学生有机会用别的方式来交流，同时也给他们提供机会用沉默来保护自己和自己的故事（Schultz，Buck & Niesz，2005；Schultz & Coleman，2009）。前面提到过的那个刚刚废除种族隔离规定的学校（Schultz，Buck，& Niesz，2000）是另一个例子。一个由多种族学生构成的群体写了一部戏剧，内容涉及他们中学时代与种族和种族歧视有关的经历。在大声念出来之后，他们删掉了其中的一些故事，把语言修改得更加平和，并且加入了一些沉默。他们意识到这部戏的观众包括自己的同学，如果用他们自己的话来说就是，这会使剧本中的有些话变得"不好说"（Schultz，Buck，& Niesz，2005）。他们选择用沉默而不是用语言来表达自己的一些经验和感受，因此借助文本语言只能了解他们的一部分生活事实。

作为同一个研究项目的一部分，在开始我们所谓的"种族混合"小组讨论之前，我们在这所学校和白人学生、黑人学生（黑人和白人是这所学校的两个主要族群）分别就种族、种族歧视问题进行了讨论。学生们告诉我们，他们只会在同一种族群体内部才会讲述一些故事、感受和想法，而不会在一个"种族混合"的环境里去说。在"种族混合"的背景下，这些故事只会通过沉默来表达（Schultz，Buck，& Niestz，2000）。

斯宾德（Spender，1980）在关于英语语言演进的作品中解释了父权制在限制女性言语上的影响。里奇（Rich，1979，pp.243–244）在自己的文章《重视女性》（*Taking Women Seriously*）中也有类似的观点：

看一看各种各样的女性面孔、姿态和表情，听一听女性的声音，聆听那些沉默、那些没有问出来的问题、那些空白；聆听那些微弱的、柔和的声音——它们常常在被勇敢地试图说出来。女性一早就懂得，那种自信的、挑衅的、愤怒的或者言之凿凿的语气是刺耳的、不女孩子气的。听一听女人和男人的声音：观察男人给自己制造的空间，无论是物理空间还是语言空间。男人假设人们会聆听，即使人群主要是由女人构成的时候也是如此。看一看沉默者的面孔，以及那些言说者的面孔。聆听一个正在寻找语言来表达自己想法的女人，理解那些学术话语中的术语不是女人的语言，她努力把自己的想法删节成为不是为她创设的话语。

里奇断定说，第一代女大学生是被迫用一种异己的声音来说话的。这种语言与她们的观念和经历都很难匹配。此外，她们是被放在一个对于建构女性语言抱有敌意的课堂当中的。在斯宾德和里奇之后的数十年里，女性主义研究开始关注那些被认为缺乏声音的女孩们和妇女们（Walkerdine，1990）。他们解释说，女性的沉默和言语都受到控制，沃克丁（Walkerdine，1990，p.30）断言女性的沉默表现了"心理抑制、对于表达禁止性话语的镇压"以及政治抵抗。有一些想法是不可说的、难以通过语言来表达的。这一方面是由于这些观念本身的性质，另一方面也是因为语言的限度（Van Manen，1990）。因为生活环境的关系，人们在缺少语言的时候，沉默就出现了。这包括他们在生活上经历困难、创伤，而语言又无法表达的时候。对于那些寡言少语的学生，教师可以改变自己的教学和课程。对于学生来说，说出自己的创伤故事可能不必要、不适合抑或是不安全的，因此教师可以给他们时间和空间，让他们用沉默或者别的方式来表达自己。

在第四章，我描述了文本以外的使学生表达自己的各种课程方法。这些方法能够让学生超越语词的限制，讲述自己的故事。在我研究的取消种族隔离政策的学校里，如果在写作以外学生还有机会采用其他的方式表达自己，他们就有可能找到更多元的方法，例如在写作之外增加画画或者音乐来表达他们的想法，而不只是隐藏自己的声音。此外，不要假设所有的学生都说得一样多，课堂可以通过重组来给沉默提供空间，认识和重视那些通过沉默表达的观念，一如那些用言语进行的表达。为了通过沉默参与课堂，学生即使不说话，也有交流观点的责任。与此同时，教师和学生有责任为通过沉默来参与创造条件。第五章为教师们提供了一些工具范例，帮助他们去认识这些类型的沉默（Raider–Roth，2005）。

五、沉默作为创造性和学习的时间及空间

一个惊人的事实是，除非我们认为语言是包裹在沉默当中的，否则语言就是不能理解的。（Gassett，1957）

加拉斯（Gallas，1998）描述了在自己一年级的课堂上一个名叫蕾切尔（Rachel）的 6 岁小女孩的情况。蕾切尔已经连续几个月不说话了，在课堂上不参与任何公开的讨论。对于老师或者同学的任何主题的提问，蕾切尔都拒绝作答。看起来，任何事情都不能吸引她用口头方式参与到课堂活动中来。她只乐意和一个也在学英语的同学一起学习，那个孩子相对来说也很沉默。她们在一起学习或者玩的时候，只是偶尔会交流几个词。基于自己的生活经历，加拉斯理解那些保持沉默的女孩子往往被认为是"好的"，而且也能不被别人注意到。蕾切尔的沉默让她可以控制与自己相关的关系和话语，给她力量。蕾切尔的沉默是一种获取话语权力的策略。她成功地使用这种策略来维持与同学和老师的交往。加拉斯认为，蕾切尔的沉默让她可以拥有与那些"吵闹的"男孩子们一样的权力。当男孩子们吵吵闹闹时，加拉斯可以要求他们离开教室。但是，加拉斯却没办法（或者不愿意）惩罚蕾切尔的沉默。

加拉斯开始学习去解读蕾切尔的耸肩和各种姿势，把它们当作类似于发言那样的沟通形式。即使如此，她还是在以轻柔的方式推动蕾切尔发言，让

她对公开的课堂话语作贡献。最终，通过对蕾切尔的沉默的研究，加拉斯认识到沉默不仅仅是一种行使权力的策略，而且是蕾切尔的生动想象的一个容器。她发现蕾切尔在通过沉默保护自己的私人世界。有一天课间休息的时候，蕾切尔像小英雄般地救了自己的朋友，让她免于陷到操场的泥浆里。在这之后，蕾切尔打破了自己在课堂上的沉默，上气不接下气地把整个故事讲给聚集过来的全班同学听。这件事以后，她在学校里开始说话了，改变了她的沉默与想象世界之间的关系，重新设定了她保持沉默的决定。蕾切尔的想象世界曾经偶尔地寄居在她的沉默当中，现在在学校发言的时候她也能够抓住这个想象的世界。看起来，在她愿意并且能够离开自己的那个想象世界的保护区之前，她需要信任自己的同学、老师。

加拉斯相信，蕾切尔在课堂上采用了一种沉默的策略来为她的想象创造空间，为培养她的创造力提供空间。很少有教师会像加拉斯那样耐心地去面对蕾切尔。那些用沉默把自己包裹起来的学生、那些对老师不作任何看得见的回应的学生，往往被认为是最难教的。她不是去否定这个小女孩的沉默，或者假设这种沉默有什么消极的意味。加拉斯研究了这种沉默，识别其中的意义，并且等待蕾切尔改变自己在公开场合的参与模式。尽管最初并未这么设计，但是最终加拉斯把蕾切尔的沉默当成一种参与，这样蕾切尔也成了班级共同体中的一个积极分子。蕾切尔获得了用自己的方式进入课堂的时间和空间，她可以成为一个被认可的、课堂群体的口头参与者，同时又保留了自己的想象空间。

与蕾切尔相比，那些对沉默持更加极端立场的人，多是用一种更节制的方式来使用沉默。学生们可能变得沉默，因为他们退回到自己的想象中去了。此外，他们也可能是因为想要或者花费更多时间来弄明白一些事而采用一种沉默的姿态。快节奏的课堂，偏爱那些可以迅速、准确作出反应的学生，尤其是那些能够答出教师想要的答案的学生。另外一些参与者们则可能需要时间来想一想，或者需要有机会在小组里试一试，甚至干脆需要把自己的想法写下来。教师需要学会解读学生的一次次点头和各种面部表情，把沉默理解为某种参与形式，理解沉默的学生也可能与那些常常发言、统治整个课堂的学生一样在投入地学习。教师要问问自己，怎样适应以及是否能够适应那些需要更多时间作反应或整理想法的学生？可以通过下面这些问题来进行自我询问：

作为课堂的一员，教师以及别的学生给赋予了这部分学生什么角色？

考虑到考试和进度的压力，我们以速度和慎重的名义在课堂上传递了什么样的价值？

我们是否在鼓励学生猜答案，提供不正确、不完整的想法来得到教师的认可，而不是在鼓励一些细致的思考？（有时候，细致的思考就是更加缓慢和更加慎重地思考。）

在培养创造性之外，沉默对于语言学习和思考常常是重要的。在学习一门新语言时，学生们往往会经历一段时间的沉默。最初，他们可能不会说或者不会去创造新的句子，因为他们还在聆听和吸收。并不是每个人都能走过这个沉默的阶段，而且这个阶段的时间长短也因人而异。无论人们在学习一门新语言时是不是经历过一段不说话的时间，这似乎与后期在掌握这门语言上的娴熟程度之间并没有什么联系。沉默看来只对一部分学习者有必要，而非全部（Granger，2004）。沉默创造的空间，让语言学习者们有时间去发展各种技能，利用创造性的资源。教师怎么给那些母语学习者或第二语言学习者们提供时间和空间？在课堂上给学生们提供额外的时间，这看起来是一个怎样的过程？

格兰杰（Granger，2004）描述了一个5岁小男孩的故事。到多伦多以前，这个小男孩到对英语几乎一无所知。他被放到一个全英文的学前班里。

老师提供了各种材料和活动来鼓励他说话，但是都没有取得成功，这个小男孩还是彻头彻尾地保持沉默。有一天，全班到动物园去参观。当这个小男孩看到橱窗里的树枝上绕了几圈的网状蟒时，他把自己的老师拽到橱窗前，第一次大声地用英语说："我的，知道这个！我的，知道这个！这个，我家，老师，这个，我家！"（p.x）

　　在这个明显的例子中，这个孩子一直在等待，直到他准备好说话并且有东西要说，才对老师说了第一句话。在这个特殊的时刻，他有强大的动机去说话，结果他一下子说了好几个句子。在学习新语言的时候，不论是儿童还是成人，我们对于他的沉默都是有预期的。类似的沉默对于在课堂上学习新概念或者处理新想法时也同样适用。沉默可以让学生掌控自己的学习，同时也给他们时间按照自己的节奏来学习新材料。每个学生需要多少时间，这是一件十分个人化的事情。这告诉我们，在学生们完成某个任务时强制安排一段沉默，可能只对一部分学生有用但并不适用于全体学生。无论是加拉斯的学生还是这个 5 岁小男孩的故事都告诉我们，只有他们迫切要与人交流的时候他们才会开始说话，而这些要交流的东西都是一些非常个人化的信息。这种交流的需求是真实的。通过讲述自己的故事，这些学生开始更加投入课堂学习。在美国和全世界的课堂里，学生们会有多少时间有这种急切表达的需求呢？又有多少时间是花在了与生活无关、非紧迫性的考试准备和技能学习上呢？

　　对于英语学习者来说，在学习和使用一门新语言所需要的沉默空间里，创伤可能扮演了一个复杂的角色。坎普诺（Campano，2007）把这个现象描述为"必要的沉默"。学生的沉默能够阻止教师去了解他们。另外，沉默对于学生发展也是必要的。坎普诺介绍了自己课堂上一个叫作马丽（Ma–Lee）的学生。她是一个新近的泰裔赫蒙族移民。最初，她希望用一些传统的方法在学校里获得成功。在学习了新学校的文化习惯和规则以后，她努力用第二语言来表达自己的想法。坎普诺写道，在学校的第一个月里，她的沉默是一种"感受性的存在"（p.65）。她唯一说的话，就是和同样是泰裔赫蒙族的同伴轻声嘀咕。通过给她时间来寻找自己的语言，坎普诺尊重了她保持沉默的决定。

在这一年的早些时候，坎普诺创设了一个他称为"第二课堂"的空间。在上课前、放学后以及午餐期间，他会和学生们进行一些非正式的谈话，来讨论一些他们生活中的重要话题。第二课堂有不同的参与规则，马丽开始公开自己的痛苦经历，并且最终在她的《一个赫蒙女孩的自传》（Autobiography of a Hmong Girl）中把它们写了下来（Campano，2007）。她可能需要更多的时间和不同类型的空间来开发学术能力，以参与课堂对话、完成标准化的作业。这种时间、这种不同的参与结构及其私密性，让马丽可以找到一种语言来交流自己的经验和想法。她的沉默不是永久性的，甚至不是个体特征。相反，这种沉默只是一种暂时的状态。作为一个英语初学者，等到她能够找到语言来表达自己的经验，并且感到足够安全、能够用写作来参与课堂时，这种状态也就结束了。

正如海姆斯（Hymes，1967，转引自 McDermott，1988）通过梅诺米尼（Menomeni）印第安人白雷（White–Thunder）的故事所说明的那样，在被两种不同的语言左右的时候，人们往往会选择沉默。因为不能使用他需要的语言，白雷选择了沉默。与那些更能言善辩的人相比、与特定的语言和规则相联系，白雷才会被认为是笨嘴拙舌的。类似的情况也存在于学校当中。学生的不善言辞，往往通过沉默来加以掩饰，或者干脆被解读为沉默。麦克德莫特描述了如何围绕"不善言辞"来组织课堂。只要我们坚持认为类似白雷这样的人是不擅长说话的，而另外一些人能说会道，课堂就总会把学生区分为这些不同的类型。麦克德莫特（p.47）的结论是，"在为组织我们自己的表达创造条件时，我们不能使其他人系统性地失语"（p.47）。

人们在学习一种新的行为或者新的规则时往往会出现沉默，即使是"主流"中的一员也会有这样的经历。在 20 世纪 90 年代，罗杰斯和她的同事们发现，在观察并且一起交谈过的许多初中学校里，白人中产阶级女孩决定保持沉默、不表达自己的感受，以便去了解自己的同学可以接受什么。研究者发现，在青少年当中，白人中产阶级女孩会探索公开的沉默和内在的声音之间的关系。这发展出了一种罗杰斯所谓的"心理抵抗，即在个体经验与意识之间的脱节"（p.289）。对于这种现象的纯粹心理学研究，关注的是女孩子们保持沉默的内部决策。与此不同的是，社会文化的探索会关注社会背景（这种实验可能让人感到不安全）、同伴群体以及"怎样做一名白人中产阶级女孩"的备选的行动模式。保持沉默或者不说话的决定要视情况而定、是个体化的，但是总会受到群体以及社会规则的引导。很多时候，学生们需要空间和时间来思考和学习。不是"给学生发声的机会"，而是教师可以创造条件为学生提供学习和创新的空间。正如我在第三章中所描述的，教师可以把安静思考的时间整合到忙碌的、井井有条的日常教学以及个体互动当中去。此外，教师可以改变自己对于参与的期望，改变课堂结构、角色以及安排，扩展自己对于学生通过沉默所作贡献的理解。

六、结论：扩展我们的概念框架

本章提供了一些新的概念框架，来扩展我们关于学生在课堂中如何使用沉默的理解。但是这个框架给教师留下了一个两难问题：什么时候应当接受沉默作为一种参与的方式，在课堂中给沉默留下一席之地？什么时候应该创造条件推动学生多说，这样学生就可以成为公开话语的一部分？第一章提出的课堂参与的定义，强调沉默对于集体活动的贡献，正是沉默创造和扩展了理解的空间。这给教师提供了一个明确的提示，以区分投入的参与以及不投入的参与，并且提出了以下一些关于沉默和参与的角色的问题：

个人对群体负有多大责任，以至于个体必须去说、必须为对话作出贡献？

在保护个人保持沉默的权利上，群体负有多大责任？

什么时候沉默是可以接受的，甚至是必需的？什么时候沉默会妨碍个人和群体的学习？

在什么时候，沉默可以在面对各种困难时帮助个人学习？（例如，同学不支持或者不理解个别人对于学习的看重。）

什么时候沉默可以为个别学生提供一个空间，来学习和适应群体规则以及语言？什么时候沉默是退缩和拒绝参与的标志？

什么时候学生的沉默是一种强有力的贡献？什么时候强有力的发言出现得太晚，或者是采用了一种教师和学生群体都无法听到或无法理解的方式，以至于使学生与课堂活动之间发生了割裂？

把一些沉默理解为投入的参与，而把另外一些沉默理解为退缩或者不投入，以此来推动讨论和活动的进行，这需要什么工具？

麦克德莫特（p.41）在讨论"无法言说性"的时候说："语言的力量，很少是单纯靠形式来表达的。带来差别的不是这些话语本身，同样重要的还包括这些话在什么条件下被说出来、被听到、被执行、被记住、被引用。"和说话类似，沉默也最好被放在社会背景下去理解。沉默并不总是没有权力的标志。它们是在当时的背景下由各种社会性的、政治性的、历史性的、文化性的因素建构起来的（Gal，1991；McDermott，1988）。在课堂上，沉默可以有一系列的形式和功能。学生可能有各种各样的理由来应用沉默。他们可能觉得自己没有什么重要的东西值得说，因此就保持一种沉默的状态。在课堂上，沉默也是一种最常采用的行为模式。学生沉默的确切涵义和功能，往往很难确定（Lebra，1987）。

沉默既不是一种个体特征，也不是个别人单独的决定。有的人可能会害羞，但是他们在特定的情况下才会害羞，而在另一些情况下就会很大胆或者很健谈。有的人可能会选择沉默，但是有时候沉默也会找上他们。在我的女儿还小的时候，我常常说她既吵闹又安静：在学校安静，譬如当她在班级讨论中有所保留的时候；在家吵闹，譬如当她和自己的几个姊妹在餐桌上斗嘴的时候。人们告诉我们，在学校里的那种安静，可能会成为她今后发展的障碍。根据她的老师们的建议，我们给她提供工具，让她更多用言语的方式来参与讨论。我们帮她报课外戏剧班，希望以此帮助她在公开场合说得更大声、更自如。这样她就获得了自信心，在班级里说得更多。在学校里，她的声音变得越来越坚定、越来越大声、越来越自信。后来，她说自己在课堂发言时要更慎重一点，她会等到自己有不同的、重要的东西要说的时候再发言。不过，她发现老师们更看重举手和发言的次数，而不是这种慎重。就像这个例子所说明的那样，我女儿学会了在学校里应该在什么时候说话以及怎么说话。作为孩子的家长，我们意识到采取那些额外策略的必要性。对她的老师们来说，改变对课堂参与的理解以及对"沉默的"学生的理解而不是要求学生作出改变，这意味着什么呢？对全体学生来说，决定什么时候保持沉默、什么时候发言，到底有什么价值和结果？这一点对学生来说又意味着什么？

回到之前的例子，扎吉雅在课堂上用沉默来回应那个坚持让她买铅笔的老师。久而久之，类似的许多非学习性的决定，可能对她未来在学校的表现有重大影响。在八年级末，她退学了。她的抵抗和不投入的学生的坏名声，不是因为单个事件，而是一系列情境的累积。这些情境包括，她拒绝参与甚至退出课堂活动和讨论，或者只是在被提问时保持了沉默。她不是有意要成为一个退缩的学生，她的老师也不是有意要把她推到这个境地。她每时每刻的反应，都与最终的结果息息相关。类似的，她的老师对于扎吉雅的挑衅性的沉默的反应，也有其自身的逻辑，与教师对这个学生的一系列期待相吻合。问题不在于教师对扎吉雅的一两个反应是对是错，而在于教师缺乏必要的知识和作为来理解学生沉默的可能涵义和功能。假如她的老师们对于沉默有更宽泛的理解，那么他们就可能有更多的办法来吸引扎吉雅参与到学校学习中来。

只要课堂上有沉默的学生，教师就要思考一下，学生是在使用一些集体规则（例如，决定不因为要表达顺从或者礼貌而与一个权威人物说话，或者决定不提供那些显而易见的答案），还是在做一些个体决定（例如，用沉默作为对学校学习的抵抗，或者是在表达无聊和愤怒）（Pollock，2004）。不论最初的解释是什么，重要的是教师以一种社会的、互动的眼光来聆听和理解沉默，并且借助这样的理解，去解读一个学生怎样以及为什么在一个特定的时间、地点采用某种形式的沉默。

这种对于学生怎样以及为什么保持沉默的理解，使教师拥有更多可能性去理解学生的课堂决策。关注沉默和发言给我们提供了观察和聆听学生想法的机会，让我们理解一个学生在课堂上是以什么方式来学习的。把沉默作为一种参与，让我们能够发展出一种与年轻人的需要更匹配的民主化实践，从而为他们提供更多的学习机会。在第三章，我将提供一些沉默在课堂上发挥作用的方式，讨论的焦点是沉默在教学中的应用。

第三章

课堂中的沉默和发言

110 教室宣言

我是个漂亮的孩子

我到学校来学习

我到学校来帮助自己

我到学校来帮助我的家庭

我到学校来帮助我的社区

我要尊重自己

我要尊重同学

我要尊重老师

我相信我是个聪明的孩子

我是伟人中的一员

我有伟大的祖先

伊姆霍特普（Imhotep）、纳芙蒂蒂（Nefertiti）、奈特·特纳（Nat Turner）、弗雷德里克·道格拉斯（Frederick Douglass）、哈丽特·塔布曼（Harriet Tubman）、马库斯·加维（Marcus Garvey）、金博士（Dr. King）、马

尔克姆·艾克斯（Malcolm X）、范尼·罗·海默（Fanny Lou Hamer）[①]、我的父母

我是伟人中的一员

在我进行田野调查时，每天早晨马蒂·戴维斯（Mattie Davis）老师所带的一年级学生们都要背诵这些话，强调他们为自己和自己的种族感到自豪。在这样的咏唱之后，学生们会静静地站一会儿。在这间教室里，他们咏唱的规则是真实存在的，这些规则和实践反映了对每个班级成员的尊重和赞赏。这所学校位于一个极度贫困的社区，根据《不让一个孩子掉队法案》的全国测试和教学大纲，它是一所位于"水平线以下"的学校。除了背诵宣言之后的短暂沉默，这间教室常常是嘈杂的，充满了一些目的性的活动。在这里，常常能够听到戴维斯老师的声音，她在温和地指导孩子们回到自己的座位或者开始接下来的活动。她的话风趣，但是不允许讨价还价，坚定而又严肃。教室墙壁上挂满了具有启发性的海报和学生作品。在后排角落的架子上塞满

[①] 伊姆霍特普（Imhotep），埃及法老，他在今天的孟菲斯附近设计建造了阶梯式金字塔。这被认为是人类建造的第一座完全石制的建筑物。纳芙蒂蒂（Nefertiti），埃及历史上著名的王后之一。奈特·特纳（Nat Turner，1800–1831），美国奴隶，1831年领导了一场著名的奴隶暴动，释放了弗吉尼亚州南安普敦县的奴隶。弗雷德里克·道格拉斯（Frederick Douglass，1817–1895），黑人，出生时为奴隶，19世纪美国废奴运动领袖。哈丽特·塔布曼（Harriet Tubman，1822–1913），黑人，出生时为奴隶，后为美国废奴主义者，在美国内战后为妇女争取投票权。马库斯·加维（Marcus Garvey，1887–1940），在美国组织"回到非洲"运动。马丁·路德·金（Dr. King，1929–1968），美国民权运动领袖之一，诺贝尔和平奖获得者，1963年发表的《我有一个梦想》的演说举世闻名。马尔克姆·艾克斯（Malcolm X，1925–1965），美国黑人民权运动领导之一，揭露美国白人对于黑人犯下的罪行。范尼·露·海默（Fanny Lou Hamer，1917–1977），美国黑人民权运动领袖之一，为黑人争取投票权。——译者注

了图画书，用于个人阅读和开班级会议，一些植物放在房子边沿的移动推车上。种子种在泡沫盒子里，放在科学实验架上，摆在窗台旁边。壁橱里放着的是一些长年收集起来的日常用品。

学生们一般是围着桌子而坐，呈纵向或者横向排列，最后根据具体活动来定。在处理个别作业或者单独读故事的时候，学生们常常是安静的，即使离开自己的座位或者放开嗓门说话也主要是为了问问题。戴维斯老师对课堂进行了组织，这样即使她和小组在一起，其余的学生也可以自己做自己的事。在这段时间里，学生们常常会带着问题来找戴维斯老师。她一般是嘘一声，把他们赶走，这是在提醒学生首先要向自己的同学求助。通常，教室在有序和混乱、嘈杂和安静之间，保持着一种精致的平衡。孩子们认真做自己的作业，除非他们开始与同学说话，老师才会给一个保持安静、保持专心的提示。结果是，专心和分心、嘈杂和相对安静之间的节奏，又得到了恢复。

当戴维斯老师和这班一年级孩子们每天早晨背诵"110班规"的时候，他们是在强调班级参与的规则。这则班规暗含着一些规则或者行为规范。这些规则指导课堂互动、对言语和沉默作出规范，并融合到这间教室的教和学当中去。

在课堂中，发言和沉默总是相伴而生的。我们往往会关注发言，关注什么时候发言、有没有发言，而不去关注沉默。由只关注发言，到同时关注沉默和发言，并且研究两种互动模式之间的关系，让教师可以有意识地组织自己的课堂，使之更能够接纳全体学生。在本章中，我分析了参与结构在接纳沉默和发言上的作用，形成了一个把沉默视为参与的案例。通过沉默和发言来重新构造课堂互动，让教师可以用新的方式来观察、聆听和理解学生的学习。

第二章描述了学生在更广大的生活世界中应用沉默的一些方式，包括课堂互动。在本章当中，我聚焦于课堂参与的规则，各类结构所允许的参与方式，以及不同类型和数量的发言和沉默的影响。和第一章相似，我使用"参与结构"的概念，强调课堂是如何为师生互动服务而组织起来的（Philips，1972）。参与结构包括应用新的角色，例如当学生在识字活动中当小老师的时候，被称为"作者席"（Author's Chair）。关注参与结构，强调说不说话都是一种行动，受到特定社会关系和环境的塑造，同时也会塑造着后者。我讨论了如何将沉默整合到教师的教、学生的学中去，考察了课堂中沉默和发言的规则。进而，我探索了教师在自己的课堂上使用沉默或者沉默时间的方式，以及教师如何通过改变课堂互动的组织方式来打破沉默。在整个这一章，我用了一些小片段来表现马蒂·戴维斯的课堂模式，这些模式说明了沉默、发言和课堂参与之间的关系。

一、教和学之中的沉默

围绕着师生的提问与回答，沉默构成了课堂上的大多数互动。沉默可以让人们在课上被听到，例如，在一片沉默中回答问题。沉默用一种特殊的方式定义了参与。教师们常常用"教师问、学生答、教师评"的各种变体来组织课堂参与，以满足自己的教学目的并对学生作出回应。例如，决定由谁来左右课堂对话的转折点。教师使用的对话顺序和结构，取决于发言、沉默的数量以及各种转换规则。例如，小组讨论中一般要求一个人在说话的时候，整个小组都保持沉默。在大多数场合下，教师控制了发言和沉默，决定谁有说话的机会以及希望谁保持沉默。

"教师问、学生答、教师评"的参与结构的其中一种变体，我们称之为"作者席"。在这种结构中，学生们获得机会来发起会话，有机会读他们自己写的东西。在这种参与结构中，写东西的学生扮演了教师的角色，他们控制课堂上的发言和沉默、要求同学回答问题。当一个学生面向群体大声念一则故事的时候，作为教师和研究者的我们，常常倾向于关注故事的内容，以及传递内容的语言。通常，这件事成功与否以及学生成功与否，主要是看学生的发言。然而，教和学既可以通过发言，又可以通过沉默来实现。关注沉默让我们可以感受到教学活动的新维度。沉默和发言都传递了学生如何学、教师如何教的信息。详细考察一个案例活动，就可以说明整个过程。

发言的规则、沉默的规则

时间在四月，接近这一学年的末尾。一年级学生们刚刚结束他们"陈述事实"的研究论文，主题是关于他们已经发展出来的专门能力。研究报告写在白纸上，然后装订在一起成为一本书。在全班集合到教室后面的地垫上之后，戴维斯老师请一个女孩子读自己的故事，故事是关于这个女孩子的妈妈的。戴维斯老师按照常规发出要求学生保持沉默的指令："所有人看着我。"那个女孩子接受了"作者席"，轻松地念出了她的"陈述事实"的小书。与此同时，全班也比较安静地在听她念。在这个女孩子结束她的故事以后，戴维斯老师要求全班对她竖"大拇指"。他们在以一种安静的方式，表达对一个同学的认可。其他几个学生继续念她们自己的小书。

特雷尔（Terrell）的手举了起来，戴维斯老师点了他的名，让他作为下一个朗读者。特雷尔走到教室的前面，坐在椅子上，打开自己的书，读出标题"成为一个更好的作者"。在他费力地一个字一个字地读的时候，同学们静静地起身，然后站到他身后。一个接一个地，他们每个人都帮他来读纸上的那些字，然后再挨个回到自己的位置上。在点到特雷尔的名字以后，戴维斯老师就静静地坐在学生们中间，不再控制整个场面，一个字也没说。

最开始，在遇到停顿的地方，特雷尔都会看着自己的老师。之后，每当他遇到一个新字的时候就会停下来，等一个同学读给他听，然后再小心地继续读下去。他接受了同学们的建议和支持。学生们创造的这个场景，类似一种沉默的舞蹈：同学们一个接一个靠近特雷尔，站在一边或者站在他的身后，给他提供帮助；一个学生离开了，另一个学生又悄悄地过来。最后，一小群学生静悄悄地来到特雷尔的身边，在他念结尾的时候帮助他。

马蒂·戴维斯老师的课堂常常很喧闹，充满了各种嘈杂的活动，这个场景中教师和学生们的沉默显得很独特。戴维斯老师用沉默来指导自己的学生。在获得了老师的眼神支持之后，特雷尔默默开始接受同学们的帮助。没有要求特别的许可，也没有开口争取帮助特雷尔的空间或者机会，特雷尔的同学们自己组织起来帮助他，同时遵守一系列课堂规则，用以指导他们那恭敬的、温柔的行为。无声的、和谐的转换，反映了对课堂规则的尊重，以及学生们对于课堂常规的理解。很少的口头交流，让特雷尔可以继续保持"作者"的地位。通过教师和学生们的沉默，特雷尔可以在这个场景下保持自己的力量和权威，尽管作为一个朗读者他会感到困难，同时也需要别人的帮助。这个场景背后的课堂规则，组织了学生互动并告诉教师可以坐到一边了。

大多数关于课堂沉默的文献都强调教师迫使学生沉默的行为，分析了教师强加给学生的沉默的各种有害结果。此外，教师教育的教科书以及相关研究建议教师在课堂上通过所谓的"等待时间"来刻意加入沉默（Rowe，1986），或者在别人发言时（通常是教师在说话）、在学生们独自学习时保持沉默。以上这个小片段，提供了一种对于课堂沉默的不同解释和应用。通过安静地参与课堂以及遵守一系列行动规则，教师和学生们一起支持一个结结巴巴的朗读者，让他变成了一个作者。教师在课堂上有各种应用沉默的方式，有时候是有意识的，有时候则渗透在日常活动中。在这个场景中，戴维斯老师通过一些指导发言和沉默的使用规则，为学生们创造了参与的机会。此外，教师的沉默也允许学生们使用不同的方式来参与，包括用沉默的方式。戴维斯老师的沉默让特雷尔可以念自己的故事，在自己的学习上发声甚至是掌控自己的学习。

发言和沉默的规则，在不同个体、不同文化之间都可能不同，并且也可能随着时间的推移而发生转变（Basso，1990；Bock，1976；Constable，2005）。沉默和发言的数量以及时间安排的规则，总是交叉在一起的。关于发言和沉默，课堂上有一些隐藏的和明言的规则。这些规则有时候并不是有意设计出来的，甚至没有被清晰地标记出来。例如，戴维斯老师在教室里张贴了这些规则：

> 我们到学校来学习
>
> 尊重自己，尊重同学，尊重朋友们
>
> 在教室、走廊和座位上保持安静
>
> 保持耐心、做好准备并且坚持下去
>
> 永远做到最好！

戴维斯老师的规则，反映了她对于尊重在课堂中的价值定位。她坚持要求学生们尊重自己、尊重他人。她通过一些自己的个人故事、行动以及对学生们保持高期待，教给学生们尊重以及其他的一些价值观。这些价值观对戴维斯老师来说显得很重要。例如，她要求学生们重视相互帮助，而不是总向教师或别的成年人求助。为了解释和强调这样做的重要性，她给学生们讲了一个自己一年级时的故事。小时候，她会阅读，但是不会绑鞋带。在她的鞋带松了以后，同学们会帮她绑鞋带，直到她自己学会为止。相应地，她也帮助同学学会阅读。通过创设一系列课堂规则和标准，用讲故事的方式进行解释，戴维斯老师鼓励学生们发挥自己的力量，用发言和沉默的方式来互相帮助。他们的教育，既有个体的目标，又有集体的目标。

在特定的背景和时间中，针对一些特定的人，在谁能说、怎么说、说什么以及言语的方式方面，有一些明显的、有时并不言明的规则。这些规则管理着课堂参与。在大多数课堂中，有一定的规则要求学生在教师或同学说话时保持沉默。学生可以在教师提出一个复杂的问题时，应用这条规则（Mehan，1979）。而学生对教师提问的沉默回应，可能反映出学生知道答案，并且清楚教师也知道这个答案。所以，对这个学生来说，有时候并不需要把答案大声说出来。学生可能遵守也可能打破课堂发言和沉默的规则。关于什么时候能够参与、应当参与，学生们也可能发明出一套自己的规则。与发言类似，沉默也会以一种具有文化特点的方式进行模式化。这种模式化会随着地域、传统以及诸如种族、阶级和性别的不同而不同（Basso，1990；Braithwaite，1985）。这些可能是学生在家庭或社区里的行动规则，他们把这些规则带到了课堂当中。在巴硕（1979）看来，这些决策并不单单基于文化规则，同时还基于关系。在课堂中，这些关系包括师生关系、生生关系。这些规则都不是一成不变的，而是会在实践中随着时间发生改变。一个打破规则的学生，往往会被认为是一个叛逆者或者沉默的人，而不只是一个遵守不同规则或者不同期待的人。

关于以什么方式、在什么时间保持沉默或发言的规则，会因沉默的功能、课堂空间的规则以及不同教师和学生遵守的传统而有所不同（Bock，1976）。在上述场景中，戴维斯老师使用了熟悉的课堂常规，即用"眼睛都看着我"来吸引学生们的注意力。她要求学生竖起"大拇指"，或者在每个片段里进行沉默的表扬，以此作为活动的结束。她以一种乐观的、直截了当的方式给出最初的指令，学生们的反应也很快。教师可以找几种常见的方式作为自己的课堂规则，来要求学生保持沉默。戴维斯老师可能会使用另外一项被称为"课堂常规"的技术——教师用同样的语气说同样的话，可能得到类似的反应。这时候，她要求的沉默是对教师以及念故事的同学的一种尊重。当然，她也可以用另一种司空见惯的办法，譬如大喊一声"安静！"，来引起学生的注意，并且威胁说如果没有人听话她就要去惩罚某人。这种办法可能带来类似的效果，都能让学生安静下来，只不过是使用了不同的语气。这可能是另一种不同的安静，一种顺从的沉默，而不是一种参与的沉默。沉默可以用作表扬，例如，戴维斯老师要求给做得好的同学竖一个"大拇指"。沉默也可能作为一种威胁，例如，学生面对老师的大声咆哮或者指责时的沉默。

在回应特雷尔的时候，学生们既遵守了明言的规则，又遵守了课堂默认的规则。例如，学生们知道，即使老师没有明确表示同意，在同学大声念故事的时候，他们也可以走上前去提供帮助。正如此前提到过的那样，戴维斯老师设定了一系列弹性的规则，指导同学们互相帮助。教师期望同学们把彼此看作一种资源。在这一年的开始，她就告诉全班学生，要帮助对方、回答对方提出的问题，尤其是当老师正在帮别的同学的时候。一些教师坚持要求学生在学习和写作的时候保持绝对安静。戴维斯老师鼓励学生们在需要帮助的时候首先向自己的同学求助，而不是第一时间就求助于老师。为了实现这一点，她教给学生们一套明言的规则系统。她9月份的教学是从数字"2"开始的。她告诉学生，在问老师之前要先问过2名同学。只有当这2名同学都不能提供帮助的时候，才准许他们打扰老师。在这一年的末尾，这个数字开始增长到"3""4"，随后是"5"。通过这种指导学生互动的课堂结构，戴维斯老师渐渐教会了学生们要彼此依靠。这实现了对尊重、合作的课堂文化的强化，这种文化是他们自己逐渐发展起来的。例如，这些一年级学生会要求特雷尔帮他们找那些找不到的东西——特雷尔在找东西这件事上特别擅长。反过来，特雷尔也需要同学们在阅读和写作方面帮助他。通过在教学过程中明确指出和肯定各位同学的优点，戴维斯老师也给这个过程提供了帮助。

不需要额外的指导，学生们就可以把这些规则或者原理应用到其他场景中去。通过给对方提供帮助，或者当同学发言、大声念一则故事的时候给予尊重性的沉默，学生们继续保持了这种潜在的尊重的价值观。通过平衡言语和沉默，他们实践了这一价值观。在上述场景中，当特雷尔在同学静悄悄的帮助下读自己的故事时，一些学生挪动了他们的位置靠近他，以便在他遇到麻烦的时候帮助他。帮助特雷尔的过程，完全是在沉默中完成的。学生们说什么、做什么，都是对当下活动的反应，而不是依靠教师预先制定的规则。在这里没有明确的、指导行动的规则，有的只是一些基础性的规则。尊重彼此的同时尊重学习者，这是老师教的规矩，也是老师据以生活的规则。人们用不同的方式来体现尊重、应用尊重。在这个课堂中，学生们从老师那里学到可以通过安静的指点和鼓励来表达尊重。老师在学生们念故事的时候，也安静地和他们待在一起、坐成一圈，这是这种价值观的一个最好的体现。她对于那个学生的静悄悄的肯定，教会了学生们什么是沉默。

如果教师站到教室前面告诉学生们规则是什么或者作出指导，那么上述场景就变得完全不一样了。这是一种更加典型的课堂互动模式。如果因为特雷尔读不好自己的故事，同学们就叫他的名字或者刻薄对待他，那么戴维斯老师就必须加以干预，来维持课堂氛围的有序、和谐。如果她担心这一点并且一早就有预期，那么她可能在一开始就会禁止学生们靠近特雷尔，会强调说现在该轮到特雷尔了，其他学生就只能看特雷尔一个人的表现。然而，到了本学年的这个时段，戴维斯老师对学生们关心别人这一点已经很有自信了。所以，她就可以用沉默来指导课堂上的互动。与此同时，学生们也足够了解对方，他们就可以商量怎么悄悄地帮助特雷尔。不是争取特权来帮助自己的同学（这是另外一些课堂上的常见情景），同学们都可以走过去、再走回到自己的位置，他们共同扮演了帮助者的角色。通过自己的行动以及老师小时候怎么需要别人帮助的故事，孩子们学到了戴维斯老师今年教给他们的那些隐藏的规则。

有许多不同类型的规则，可以用来规范课堂上的发言和沉默。一个最常见的规则就是，当一个人在说话的时候，别人要保持安静。这个说话的人常常是教师，有时候是学生。课堂有大量沉默的时间，譬如独立作业的时间，也有允许学生说话的时间，譬如小组学习的时间。当教师改变规则的时候（例如，在独立学习期间允许说话，或者在小组学习期间要求保持相对安静），他们就在引入新规则或者强化已有的规则。关于发言和沉默的规则，学生们既关注明言规则，又通过观察自己的老师来学习隐形规则。戴维斯老师与学生们的互动主要是温和的、支持性的，学生们会模仿她的行为，用沉默和发言的方式来肯定对方。

教师和学生通过各种方式来应用沉默，这反映了他们对于课堂规则的理解。在关于主体是黑人的城市课堂互动的研究中，吉尔莫（Gilmore，1983，1985）分析了一个学生如何在她所谓的"沉默的展示"（silent displays）环节使用沉默。她叙述了两个例子，其中教师的训斥遭遇了学生的沉默。在第一个例子中，教师把学生的沉默当作了默认；在第二个例子中，教师把学生们的沉默当成了叛逆。在教师看来，第一种沉默是可以接受的，教师还可以继续保持自己的权威。这是因为，她把学生的这种沉默解释为一种尊重、歉意或者懊悔的标志。然而，在第二个例子中，教师把学生的沉默解释为一种挑衅性的行为，结果这个孩子就被叫到了办公室。吉尔莫（1985）把学生通过非言语的方式表达出来的这种挑衅性的反应称作"程式化的不高兴"或者"沉默的展示"。在直接面对一个有权威的成人时，学生用这种方式，在自己的同学面前保持自己的尊严。这些互动都说明了指导沉默和言语的那些不明言的规则。

此外，吉尔莫的观察还表明，在对待黑人学生的这种"程式化的不高兴"上，黑人教师比白人教师更加严厉。白人教师更倾向于忽略或者忍受学生们的这种行为。但是，这种行为会使白人教师把学生们类型化，认为有这种行为的学生是失败的学生。教师并不是针对此类行为的直接后果作出应对，例如把他们叫到办公室。而是采用了一种对学生有长远影响的反应方式，对此他们从来不会说也从来不会承认。换言之，尽管没有什么明言规则告诉学生不应该发怒或者做一些非言语性的表情和姿势，但是，那些不遵守隐形规则的学生将为此付出高昂的代价，他们会获得挑衅的学生或者失败的学生的坏名声。

学生和教师带着各自的明言规则、隐形规则来到课堂。常见的状况是，这些规则都是从家庭、社区、宗教团体以及媒体上获得的。这些规则也可能来自学校，学生从上学第一天开始就已经在学习了。同时，还有一些通行的规则和标准，以一种隐形的方式在指导课堂互动。从家庭或社区里学到的规则，可能和课堂规则协调一致，否则，学生就得去学习一些并不熟悉的新规则。例如，家庭中的独生子女，必须学会与学校里的其他孩子一起生活和学习。教师的规则关注的往往是学业和成绩，在必要的时候会控制学生群体、维持课堂秩序。教师可以和大多数人一样，站在讲台上明确说出这些规则，也可以通过指导学生行动和指明行动后果的方式来作隐形指导。教师建立规则，规范课堂中的发言和沉默，学生们也通过自己的言语和沉默来塑造规则。当戴维斯老师用沉默的方式来指导特雷尔读故事时的一系列互动时，她是在示范一系列隐形规则。这些规则与尊重学生、确保他们对于自己文本拥有权威有关。当学生们商量好怎么用沉默的方式来帮助特雷尔的时候，他们是在遵从戴维斯的教导，尊重彼此、关心特雷尔甚于他们自己。

对于教师来说，很难了解孩子们带到学校里来的所有规则，这些规则与课堂的正常运转可能相关，也可能不相关。对于教师来说，重要的是要意识到自己在什么时间、以什么方式，采用了与学生已适应的规则不同的规则。这样，教师就能学会怎样改变规则，在更好地在回应全体学生的同时也适应个别学生，或者把课堂规则明确地教给学生。这种聆听学生内心想法的姿态，对于民主实践是重要的（Schultz，2003）。如果课堂建立在尊重和参与的基础之上，那么教师就更能确保每个学生都有公平的参与机会，能够通过发言或沉默被听到。尽管把沉默当作一种参与方式，并不一定能带来民主的课堂，但是这可以让教师更加接近这一理想。

文化回应的教学（Gay，2000；Ladson–Billings，1994；Nieto，2000）要求教师尊重学生带到学校里的性格、知识、技能和经验，围绕这些来建立课堂规则。在今天的课堂里，学生们的文化背景更加多样，这一状况会更加复杂。我认为，所有的课堂不论是否多元，都要格外关注发言和沉默的规则，这可以引导教师和学生进行一种更加投入的、更具融合性的课堂实践。

发言和沉默的结构化

回顾上述场景中的一份转录稿，它更详细地表明，当特雷尔在"作者席"上读自己的故事时，沉默和发言在这一过程中扮演着怎样的角色。从表 3.1 中可以看出，沉默在这个场景中的角色是很明显的。（对于各种符号的说明以及更加完整的转录稿，请参看本书附录，同时参考 Howard，2006；Schultz，2006a）。

表 3.1 用空白来表示沉默的转录稿

1. 特雷尔：[（*打开小本子的第一页，看看右边，仔细合上封面，看看左边，小本子仍旧合着，然后又看看右边，再看看页面下角*）
2. 特雷尔：**我：，**
3.
4.
5.
6.
7. **想   要： 成为： 一个**
8.
9. [**更好的：** [（   [**作者**
10.
11. 特雷尔：[（*看着老师*，[*看着页面*，[*看着老师*）
12. 特雷尔：**我：，   想**
13.
14.
15. **成为：**
16.
17.
18.
19.
20. 特雷尔：我 [（*专心看着这一页*）
21. 泰沙：（***安静地***）[（   ）
22. 特雷尔：   [（*看着泰沙*
23. 狄龙：（（***安静地***））[（我知道 / 嗯……）（（我想要）帮助他
24. 特雷尔：[（*在他靠近时看着狄龙*
25. 狄龙：[（*跪着挪向特雷尔的椅子，抓起纸（特雷尔也还抓着这张纸），把纸掉头转向自己，看这张纸*）
26. 狄龙：（（*安静地*）]嗯…… [**作者，**
27. 狄龙：[（*看向特雷尔*）
28. 特雷尔：**作者：，**
29.

续　表

30.
31.
32.
33.
34. ⎡（特雷尔从狄龙的手里把纸拿回来，看这张纸的下角）
35.
36.
37.
38.
39.
40.
41.
42.
43.
44.
45. 特雷尔:⎡看看前排的几个学生……

在"作者席"上坐好以后，特雷尔把自己的注意力放到老师身上，寻求下一步该怎么做的指示。在开始读之前，他看着老师。但是，一旦开始念，他就转向边上的同学寻求帮助。当他看着来帮助他读书的泰沙和狄龙时，我们能清晰地感受到他们之间的那种信任感。作为回应，狄龙跪着快速挪向特雷尔。在狄龙那里得到帮助以后，特雷尔重新获得了自己的作者身份，重新转向自己的小书。一切都在静悄悄地发生。从一个群体成员的角度出发，戴维斯老师管理着整个场景，给特雷尔创造了机会，让他可以用很少的言语交流与同学协商或者接受他们的帮助。课堂中唯一的话，是那些帮助特雷尔的学生们说出来的。而且，即使是这些话，也是以轻声细语的方式说出来的，这让特雷尔始终可以处于舞台的中央。沉默在此时的教和学活动中，扮演了

重要的角色。

戴维斯老师在自己的课堂上，使用了几种不同的参与结构。除了"作者席"之外，戴维斯老师在课堂上还用到了其他的结构，譬如"叽叽喳喳""点到"以及每天结束前的反思。下面我会对这些参与结构作详细描述。其中的一些结构，譬如"作者席"，反映了戴维斯老师的教学信念——要以一种在课堂上接纳学生声音的方式来教学。另外一些结构，诸如"有指导的阅读小组"（Fountas & Pinnell，1996），则反映了学区的要求。课堂参与结构关注的是轮换、角色、责任以及发言和沉默的关系。它们受到规则的指导，根据这些规则来分配说话的权利。例如，在小组结构中，学生可以推荐自己发言。在戴维斯老师采用的小组中，学生们都有预定的角色。他们在这一年的一开始就学习和练习过了。每年，戴维斯老师都会把类似"作者席"这样的参与结构，用于特定的课堂环境中。

分析"作者席"活动过程中互动方式的一种方法是，关注发言者、沉默者以及发言权的分配。对于上述转录稿中的沉默角色的分析，强调了特雷尔在念书的时候戴维斯老师的沉默、特雷尔念每个字都要经历的一段长长的沉默，以及同学们给特雷尔提供帮助时的那种相对安静的状态。关注大声说出来的话与话之间的空白，使沉默而不是言语成了关注的焦点，这给教师们提供了一种新的方式来关注学生的学习。

戴维斯老师在观察和指导学生互动的时候保持沉默，这就允许特雷尔始终能够控制自己的学习，让他在那个时刻拥有权威。特雷尔的沉默，显示出他需要帮助才能念出自己的文本。他看了老师一眼，随后又看向自己的同学，这表示他渴望得到帮助，以及授权给同学们可以上前来帮助他。不是教学生们去帮助特雷尔，戴维斯老师为学生们创建了一种环境，在这个环境中他们可以自己发起和组织这种帮助。从沉默的角度来解读，这一系列互动就具备了新的意义。在这个例子中，特雷尔用沉默为自己赢得了时间，从而使他有时间来思考和辨认纸上的那些字。

在第一章，我介绍了参与结构的概念，这个概念强调了允许或者禁止特定互动形式的组织结构（Philips，1972）。无论这种互动是口头的还是沉默的，这个概念都强调了学生和教师的互动是如何影响特雷尔的表现的。为了理解这种交流，有必要从整体上来考虑说话的人和听众，而不是关注个别人的一两句话。与老师和同学们使用的课堂标准和期望联系起来，特雷尔的表现就能够被理解了。与多数学生类似，特雷尔在开始念书的时候也是看向自己的老师。在开始读第一页的时候，他是看着自己的老师的。老师给他的反馈是一种沉默的鼓励，而不是做什么动作或者发出什么声音。在他读第二页中段（也就是第二句）的时候，泰沙悄悄地给他提供了帮助。相应的，特雷尔开始看向自己的同学们。在念接下来的内容时，他一开始看向泰沙，随后看向狄龙。这种转换说明了通过位置、互动以及实际说出来的话所发生的那些事。

在这个互动中，更多的显然是沉默而不是语言。如果不是教师有意为之，那么实际在课堂上很难见到这种以沉默为主的场面。这样做的效果是，沉默组织了发言，并且赋予了发言意义。除非是表达顺从和注意，否则学生在课堂上的沉默通常都被当作消极的元素。正如此前所解释的那样，在早先关于印第安人课堂的研究中（Dumont，1972；Erickson & Mohatt，1982；Philips，1972），教师和研究者的目的都是理解沉默，以便改变课堂、改变参与结构来增加发言、消除沉默。在这些课堂上发现的问题是学生们太沉默（对于这个问题的批评和探索，参考 Foley，1995，1996；Lomawaima & McCarty，2006；McCarty *et al.*，1991）。戴维斯老师课上的这个场景表明，沉默可以是建设性的，可以让学生在自己和同学的作品上拥有权威，把个体的表现重构为集体的成就。

正如第一章所介绍的，凯奇的作品《4 分 33 秒》说明，把音乐和静默区分开来，只不过是一个人为设定的框架。凯奇认为，只要我们的注意力从声音上转移，沉默就会出现。在没有音乐的时候，周围的那些背景噪声就会被重组为声音，成为音乐的一部分，而它们一般被认为是沉默的一部分。在课堂发言和音乐中，对于一个事件的设定或者结构化，可以凸显沉默的重要性。这种设定决定了我们如何去理解一个参与者的口头参与或者非言语的贡献，例如把点头也当作参与。这种设定也决定了周围的噪声是被当作沉默，还是被当作音乐。在凯奇的例子中，周围的噪声变成了乐曲的一部分，它们原本也可能只是观众们咳嗽、走动的声音。在课堂上，沉默或者学生的走动在特殊的背景下也有意义，也可以被认为是一种参与。在特雷尔朗读时出现的字词之间的停顿，以及同学们膝行挪过去帮助他的时候，学习正在发生。如果我们把注意力从发言转向沉默，那么这种理解就会变得显而易见。改变人物和场景，从发言转向沉默，我们对于课堂互动的解读也就改变了。

关注沉默的角色，说明了在师生之间、生生之间的权力转移，指出了在沉默和发言中新形式的学习以及社会互动。关注权力和控制的分配，是民主实践概念的核心。此外，对于沉默的分析，指出了知识的新形式，以及知识通过发言和沉默在课堂上的传播方式。特雷尔很容易被解读成一个低于一般水平的不擅长写作的一年级学生，几乎读不出来自己写的那几个字。如果我们关注这一点，那么整个故事就是特雷尔的失败，而不是课堂共同体所取得的成功了。不同的是，在具体情境中的参与结构把我们的注意力投向了这个情境中的社会文化成就，强调了在课堂环境下班集体在阅读和写作上的共同努力。在这个设定之下，通过共同的努力，才有了我们看到的特雷尔取得了成功的故事。

麦克德莫特（McDermott，1974，1987，1988；Varenne & McDermott，1999）以一种有说服力的方式，论证了参与机会影响学习的可能性。一开始，他研究的是阅读水平高和阅读水平低的两个群体，随后他把研究扩展到其他场景，例如成人识字项目、课外俱乐部以及课堂环境。通过这些研究，他追踪了学校如何通过行为规范和参与规则，系统地制造了失败。用他的话来说，是失败找上了门，而不是别的原因。他提出的问题是，参与结构是否应该像 20 世纪 70—80 年代的研究者们所建议的那样，为适应儿童的家庭和社区文化作出相应的调适，或者教师们是否应该关注成功是建立在失败的基础之上的。

在一年级末，特雷尔还是不太会念自己写在本子上的字。尽管戴维斯老师知道他在校外以及在其他一些课堂活动上的成绩，但是如果没有同学和老师的支持，让他大声读故事肯定是会失败的（访谈，2008 年 4 月 5 日）。对于组织课堂，教师都有一些自己的选择。其中的许多决定可以导致学生的失败和成功。关注这个场景下学生和教师的沉默，可以让我们看到参与结构是如何使学生以文本作者的身份参与到课堂常规当中去的。这个结构给特雷尔提供了机会，让他与自己的同学合作来朗读。尽管他可能是一个失败的学生（事实上特雷尔重读了一次一年级），但是在那时我们可以说他成功地完成了学习任务，在同学们面前大声读出了自己的故事。让沉默可视化，不再关注个体学生在文本上的努力，可以把这个学生的表现重构为一种合作的成就。

对于沉默的分析表明了，在这种情况下特雷尔是怎样表现得像个成功的学生的，尽管在这一年他常常会在完成阅读和写作任务时遇到困难。这时以及在其他类似的情况下，他的表现都可以通过关注那些围绕着他的发言和活动的沉默来得到理解。久而久之，这种成功能够为他的学习带来更加持久的改变。课堂的更大背景以及教师和学生更广阔的社会和生活世界，为特雷尔的学习提供了可能性。理解沉默怎样在课堂中发挥作用可以说明这个过程，并对教学发挥指导作用。

对参与结构的设计和相关权力关系的分析，对理解"作者席"中的沉默和发言的关系是有用的。不需要强迫学生沉默，这种课堂结构包含发言权的分配以及轮流发言（Au & Jordan，1981；Cazden，2002；Hymes，1964），而是让教师和学生的沉默可以支持学生取得"成功"。在这个例子当中，是沉默（而不是发言）对师生之间的互动进行了结构化。允许学生轮值，允许他们主导自己的行动，借此教师就和学生分享了自己的权力。结果，学生们无疑会对自己更加自信，至少在这个场景下是这样的。学生在课堂上保持沉默，教师可能会为此感到不安。这是因为，教师假设沉默是表示自己没有积极地去教学。就像学生可以通过沉默来积极参与课堂一样，教师也可以像戴维斯老师那样，以一种关注但是沉默的方式，在教学中承担一种积极的角色。教师的沉默，重构了学生对于自己的沉默和参与的理解。教师们决策的要点在于，沉默是打开了参与的大门，还是阻碍了学生的参与。正如沉默能让别人发言并且拥有主导权一样，一个人的沉默也可以迫使别人保持沉默。

戴维斯老师对于沉默的使用，是以信任和乐意分享权力、权威的意愿为基础的。她相信学生们会在特雷尔读书遇到困难的时候仍然友善地对待他，相信他们会尊重特雷尔。相应地，特雷尔相信自己的同学可以在阅读上帮到他，而不是讥笑他。结果，他乐意大声地念出自己的故事，同时也接受同学们的帮助。这是一项了不起的成就。当把沉默作为一种参与时，对于信任的探索很重要。当教师严密控制学生互动的时候，他们对自己的学生只给予了较少的尊重，认为学生不能自己主导和投入学习。戴维斯老师坚持一种平衡。她在这一年的课程中，有意地、缓慢地赢得了学生的信任。但是，她并不是天真或盲目地信任自己的学生，除非他们能够自觉地信任她以及彼此信任。他们总是在一起工作，从而开发出体现这种信念的工作路线和交流互动方式。这种信任以发言和沉默来装点，戴维斯就是在这种信任中完成了自己的教学的。

二、沉默与课堂常规

教师用沉默指导来教学，就是在自己的课堂中加入沉默，并且在必要的时候打破沉默。"等候时间"（Rowe，1986）这一概念，描述了教师怎么在自己的课堂上加入沉默，让那些本来沉默的学生说话的。教师可以在自己的课堂上创造沉默或者留出空间，邀请那些容易被忽视或者未得到聆听的学生说话。新手教师常常被告知，在叫一个学生起来回答问题之前要先默数 5 ～ 10 下，确保那些需要更长时间来准备答案的学生也有机会参与。另一个策略是，提出一些可能有多种答案的问题（例如，一些描述性的短语），然后为每个孩子提供机会为讨论作贡献。为每个孩子参与课堂讨论提供必要的时间、适合的形式和合理的期待，同时确保在有人发言时同学们可以保持安静，这可以激励一部分原本可能保持沉默的学生发言。此外，有的时候学生也需要通过沉默来参与，此时教师可以寻找方法来调整课堂结构，提高自己理解此种参与形式的能力。当然，有的时候，教师也需要强调让学生用口头报告的方式来参与。有的讨论完全要靠课堂上每个人的口头贡献，教师可能要听一听学生的大声回答才能够评估他们的学习情况。推动一个学生大声表达出自己的观点，可以强化一些重要的学习技能和学习倾向。这样做的其中一个方式就是，在课堂中加入沉默。

增加沉默

在戴维斯老师的课上，有一项常规活动叫作"点到"。她让学生们围成一圈，坐到地垫上，然后出于各种各样的理由来"点到"。这些理由可能是为了应付一些扰乱课堂节奏的事，或者是当学生们感觉很糟糕的时候重建学习共同体，又或者仅仅是要把学生们重新召集在一起、集中他们的注意力。下面这个片段说明了这样的情况：

孩子们围成一圈，膝盖上放着各自的日记本。与别的一年级学生一样，他们也扭来扭去。戴维斯老师告诉全班同学："我们现在来点到。"然后让他们放下本子。学生们跟着念了她说的"点到"这个词，然后开始背诵每次开场时都会说的那些话。戴维斯老师让他们静下来，告诉他们"点到"还没有开始，其中一个学生会来当组长。这些都安排好以后，戴维斯老师向组长点下头，然后和他们一道来念"点到"的开场白。在说完第二个字时，其他的孩子加入进来："圈子不能破，什么都要说，挨个说一说。"戴维斯老师细心解释了这个规则，确保每个孩子对此都很熟悉。除了那些跟别人有关的事情以外，他们什么都可以说。他们可以从一个学生开始，然后到戴维斯老师那里结束。每个人有大约 20 秒的说话时间。在解释完以后，戴维斯老师要求全班同学重复她刚刚说的那些话。如果他们选择不说话，可以说一句"我婉言谢绝"。

一个被指名的学生开始点到，一个接一个，一个学生说完，另外一个学生接上，谈一谈自己今天早晨的感受或者他们刚刚完成的任务。有的学生没什么可说的。不少学生重复了那句话——"我婉言谢绝"。戴维斯老师并不点名，也不点评他们的发言。她不说话，但是在学生们说话的时候会点点头，认可他们，然后向下一个人点头让他继续。这时，一个女孩子什么也没有说出来，摇了摇自己的头。戴维斯老师打破自己的沉默，提示这个小女孩子，"说一说你想要什么，什么都可以，或者说'我婉言谢绝'"。在轮到戴维斯老师说话的时候，她谈到今天早晨的情况："我想说，今天早晨有很大变化，每个孩子都做得很好。我只想要你们每个人都记得，我们是一个集体（孩子们在'集体'这个字上接着她的话，重复了一遍），要一起做事。即使有人让你们心烦意乱，我们还是要一起做事，不能只为自己一个人，要和同学合作！我们要记着，永远记着，圈子不能破。"

学校管理者那天早上来到她的教室，打乱了他们收拾教室的工作时间。因为有客人来访，他们就用窗帘盖住一些壁橱，来遮掩一些杂乱的地方。这些人严厉地告诉她说，要管好养在教室里的宠物（一只兔子、几只鸟）。这些都是戴维斯老师带到教室里来的，目的是为了让教室看起来更有家的感觉。管理者出现在她的教室，打乱了她的安排。她默默地把全班聚拢在一起，形成一个共同体，这样他们就可以继续自己的常规学习了。

戴维斯老师肯定地告诉学生，要么加入这个圈子，要么回到自己的座位上。这样，全班开始进入点到活动的最后阶段。他们一齐说："圈子不能破，点到完毕。我们做一分钟的静息。"随后，孩子们静静地坐在一起，左右扭动，但是一个字也没说。他们在一分钟的沉默以后，结束了这个仪式。戴维斯老师说："我为他们感到骄傲。"

戴维斯老师发明了几种包含安静思考的课堂常规。此外，她在"点到"时设立的规则，给每个学生都提供了说话或者说"婉言谢绝"的机会。当孩子们被鼓励不带判断或评价地为讨论作贡献的时候，沉默之中包裹着他们的发言。教师期望他们安静地听别人发言。整个过程大约持续5分钟，并没有占用太多的教学时间。当学生学会了安静思考以及懂得作为一个集体"圈子不能破"的价值观之后，这种活动便取得了实质性的效果。尽管要鼓励孩子们说话，但是在这个简短的例子中，正是沉默通过多种方式把孩子们和老师联系在了一起。通过沉默，他们聚集在一起，重新专注于这一天接下来的时间里自己要完成的任务。这段沉默的时间，对于学生和教师来说都很有用。

戴维斯老师教会孩子们保持沉默。通过在"点到"和"作者席"的常规中提醒学生们保持沉默，她让学生们对自己和同伴的学习负责。结果，学生们既成为教师又成为学习者，同时还是重要知识的所有者。教师的沉默让这样的互动得以发生。此外，沉默也增加了课堂的共同体意识，这可以教会孩子们聆听、让他们认识到帮助别人的重要性，让他们把自己当成一个有凝聚力的、充满关爱的群体或者打不破的圈子。在戴维斯老师的课堂上，沉默是尊重的标志，而不是冷漠、不投入或者反叛的学生的标志。戴维斯老师通过自己的实践和日常行动说明了这一点。

何利（Hori，1994）描述了一座当代日本禅宗寺院里的教学活动。在这个独特的环境下，教学直接与实践结合在一起，而不是来自问答。学习过程是由学习者发起的，并且总是与学习者要知道某些事情的需求联系在一起。教和学是通过沉默来发生的，而不是通过说话。正如何利所解释的那样，禅宗崇尚自得。教学的目标是培养出更好的或更有教养的人，而不是灌输特定的技能。学习的动机和需要，与需要学习的、需要完成的任务直接联系在一起。

在戴维斯老师的课上，通过5分钟的"点到"活动，学生们认识到发言和参与的价值。他们知道自己的观念和想法有价值，并且有一定空间来自由表达，而不只是对预先设计好的教科书上的问题进行回答。学生们也了解到了相互交流的重要性。戴维斯老师通过一种仪式以及重复几句仪式性的话，来教给孩子们这些价值，例如"圈子不能破"。孩子们学到了作为班级成员该承担的责任。在最后的反思时间里，教师给他们提供机会来吸收这些想法，把这些想法内化成自己的。1916 年，查尔斯·考特尼（Charles Courtenay）完成了他的第一部关于沉默的作品《沉默的帝国》（*The Empire of Silence*）。他认为，那些要求沉默的教师，永远也不会得到真正的沉默。因为这些教师是从外部来要求的，而不是塑造一种内在的保持沉默的能力（转引自 Clair，1998）。在戴维斯老师的课堂上，一些简单的常规，给学生们提供了机会来发展沉默和思考的能力。在教友学校，贵格教友会邀请人们静静地坐在一起，参与者用沉默的方式来发声。戴维斯老师的做法，也给孩子们提供了同样的机会，让他们通过沉默去学习、在沉默中把学习当成日常课堂实践的一部分。静静地坐在一起，学生们了解了自己内在的力量，同时也更加肯定他们与共同体之间的联系。

　　除了思考和等候的时间，教师还可以在课堂发言中加入沉默，确保其中有停顿和空白，或者像格林（1988，p.128）所谓的在谈话中"留白"。她所描述的"留白"概念，既是物理的，又是比喻性的：

　　这些努力……以各种始料未及的方式释放着想象力。他们让头脑超越各种常规界限，达到前所从未的水平。他们这样做，是因为他们愈加能意识到那些未被回答的问题、未被探索的角落、被遗忘的窗口后面的无名者。如果人们对此有所了解，那么这些阻碍也会被超越。

格林的"留白"概念，包括了谈话当中的空白，而不仅仅是字面上的停顿。这些"留白"包含可能性，强调了我们不知道、不能知道的东西。创造"留白"，要求以这样的姿态来参与课堂：没有谁能知道全部答案，要培养好奇心以及为可能性留下空间。这样的立场一定会包含沉默。

如果课堂上充斥着教师的讲话和各种有预定答案的练习，这样的学习就是一种妥协。给学生创造"留白"、让他们去表现自己，教师就可以培养学生的想象力，创设参与的平台，创造更加包容和民主的课堂。这样的机会包括一段沉默的时间、进行想象性的写作或者基于个人知识做研究报告，又或者是开放性的、个人化的对故事的回应等。沉默给儿童和教师提供了思考和反应的空间，让他们来应对当下的问题，深化对长期、复杂的问题的思考，以对抗一些肤浅的解决方案。

在每天的学校生活结束之前，戴维斯老师还会用到另外一项常规，她称之为"反思"。在这一年的开始，她只是让孩子们列出这一天做过哪些事。她希望通过这个活动，孩子们能够回答那些家里人常常会问到的问题："你今天在学校里做什么了？"她也希望孩子们能够知道，自己在这一天里到底做了多少事。几周之后，戴维斯老师制作了一个两栏的交叉表。她在每一栏里都写了一个问题，下面是预留的答题位置。这两个问题是："我们做了什么？"和"我们学到了什么？"在集体讨论之前，她教孩子们用同样的问题自己先想一想。有时候，她会要求孩子们在集体讨论之前，把自己对这些问题的想法写下来。在春天的时候，她增加了第三栏问题："我是怎么学会的？"在最初几次使用这些问题时，学生们常常用沉默来回应。戴维斯老师让他们静静地坐着，有时候会是相当长的一段时间，直到他们开始列出一日活动的清单为止。在对这种沉默作反应的时候，戴维斯老师常常会说："让我们想一想。想一想是好的。"这告诉孩子们，要对沉默和思考的空间感到安心。就像戴维斯老师所解释的那样，"有时候，沉默是了不起的"（访谈，2008 年 4 月 5 日）。反思和沉默的时间，让学生们可以巩固自己的学习，更好地理解自己已经学到的知识。

在作"反思"的那一天，教师很少会吝惜时间。为应对提升考试成绩的压力，教师常常感到有义务去填充课堂上的每一分钟。那些需要沉默来扩展自己的思考以及把想法转化成语言的学生们，常常被打上了"沉默生"和后进生的标签。通过把沉默加入自己的课堂，戴维斯老师让学生们和她自己都能够减速慢行，看一看自己这一天都学了什么。"点到"和"反思"从头到尾分别需要 5 ～ 10 分钟的时间。在这少量的时间里，时不时地包含沉默。但是，正是在这段时间里，学生们养成了一种思考的习惯，建立起了分担学习责任的观念。

打破沉默

与上述具有建设性的沉默不同，有时候课堂沉默也表示缺乏主动参与，这时候教师就需要设法改变这种沉默。下列这个片段取自戴维斯老师的课堂，正好可以说明这个问题。有时候，仅仅加入沉默还不足以引发学生参与对话，还不能满足戴维斯老师对于这班一年级学生们的期待。

学生们聚拢到老师面前，她正在读海伦·凯勒的传记。当戴维斯老师读到第一章的结尾时，她合上书，问道："想一想，海伦要承受些什么？海伦会有什么感受？她的爸爸妈妈会有什么感受？"她提高了声调，表示这是一个提问。大多数学生的回应都是沉默。少数几个学生蹦出一两个字来回应，例如"难受"和"哭鼻子"。老师的提问，正是这个故事的关键之处，故事中的海伦刚刚大发了一场脾气。孩子们对于海伦和她的父母的感受的回答，没有让戴维斯老师感到满意。她知道学生们有更多东西要说，比这一两个字的回答要丰富得多。几分钟以后，她提示了一些方向："这会儿，我们该'叽叽喳喳'了。我希望每个人都能站起来……到你乐意说话的小组里去，但是还不能开始说话……和你的伙伴们围成一圈。"

不需要进一步的指导或者言语，学生们站了起来，排成一个个小队。戴维斯老师示意他们可以开始和别人说话了。她没有明确给出指导，告诉孩子们该怎么组织这个讨论，因为此前他们已经多次练习过"叽叽喳喳"了。教室里马上就开始嘈杂起来。与那些一两个字的回答对比鲜明的是，学生们在和自己的朋友们讨论的时候，给出的回答要精致多了。为了听清小组里其他人说的话，每个小组都凑成一堆。几组小朋友们手把着肩、挤成一团，兴奋地谈论着这本书。

几分钟以后，戴维斯老师满意了，指导学生们以小组为单位回到集体中来。她不要求学生们重复刚才的讨论，虽然其他的教师通常都会这么做，尤其是在面对一些高年级的孩子时。戴维斯老师则直奔下一个主题去了。

在转向"叽叽喳喳"环节时，戴维斯老师的目标是检验学生们的理解，确保他们了解海伦·凯勒这个故事的细节。她对学生们的回答感到满意，决定继续自己的教学。在众多决定当中，这样的决定对教师具有指导性，因为他们一般都认为只有自己听到了才能算作学习。

在学生用沉默来回应刚开始的提问时，戴维斯老师选择打破沉默、改变参与结构。她要求学生们组成小组参与对话，在小组中他们可以自己做主。在许多小组中，都有一个孩子会重复一下问题，并发起讨论："海伦有什么感受？"通过转向一个更小的、更亲密的参与空间，戴维斯老师能够把整个班级由沉默转向发言。不是去谴责学生或者因为学生缺乏参与就决定去修改自己的提问，戴维斯老师对课堂机制作出了结构性的改变，引入了一种新的参与结构。伴随着这些改变，出现了一些新的轮换规则和说话权力。在全班讨论中，一般的发言和沉默规则是占上风的。一个人在说话时，别人就得保持沉默。尽管这是一种典型的课堂互动模式，但是在讨论文本的时候常常不能引发学生的发言。通过改变学生的位置，让他们进到一个小组内，只讨论 3 分钟，戴维斯老师改变了由谁来发起讨论、由谁来参与讨论的模式。不再是沉默和一两个字的回答，这些学生们参与到了更广阔、更深入的讨论当中。在"叽叽喳喳"小组中，规则改变了，每个人都可以提供自己的回答，而不需要等待教师的许可，也不需要寻求教师的评价。戴维斯老师把这班学生从一种非创造性的沉默，转向了一种创造性的发言。更进一步，学生们获得了机会来参与对话，从而免去了在全班面前说话的压力。这种情况我会在第四章中作进一步的探讨。

在这一年的开始，戴维斯老师就为学生们引入了一系列参与结构，其中的一些是常见的课堂常规的一部分。随后，在需要的时候，她又引入了一些新的规则。"作者席"是戴维斯老师课程中的核心部分。与此不同，"叽叽喳喳"小组则是基于某种自发的对小群体的需要，允许学生进行更大程度的参与。尽管如此，戴维斯老师还是细心为学生们提供指导，指导他们如何参加"叽叽喳喳"小组，为他们的学习提供支架。在"叽叽喳喳"时，每个小组都发展出一套自己的发言权责体系，包括沉默的规则。当教师组成新小组的时候，这个规则体系可能发生改变。在这一年的开始，学生们就通过参与一些简单的话题，在关于什么时间说、如何说、如何听的指导下，学会了怎么去做。不久以后，他们就几乎可以自发地组成小组、建立规则和组织讨论了。对这个年龄的孩子来说，这是个了不起的成就。关于尊重的明确规则与标准，可以指导学生彼此之间的互动。他们对于沉默和发言的感受很清晰。

沉默规则不仅仅是发言规则的对立面，例如在一个人说话的时候，另一个人就应当保持沉默。在"叽叽喳喳"小组里，别人发言的时候，学生们还是被期望保持沉默，只不过在小组中会有更多你来我往的发言。教师不是期望学生们说话，而是期望他们以小组成员的身份作出贡献，因此在这些小组中教师不会直接指导学生的行动。结果，大多数学生用说话的方式参与，而另外一些学生则通过沉默来参与。如果一个学生在戴维斯老师念故事的时候没有注意听，那这个学生在小组中也会保持沉默。只不过，他会有更充分的理由去聆听，因为他的同学会要求他那样，他可以在一个不需要马上作答、更加安全的环境下对故事作更多的了解。相比于向全班提问，这似乎能更少地感受到风险或威胁。当学生要对自己的同学、老师负责的时候，他们内心关于何时说话、何时沉默的规则就改变了。一个不感兴趣的学生或者一个不够大胆、不敢在全班面前发言的学生，在一个更亲密的环境中可能会找到更多发言的机会。教师们常常会面对沉默的课堂。戴维斯老师临时转变参与结构的决定，对类似的情况则有参考价值。

拉德森·比灵斯（Ladson-Billings，1996）记录了在大学课堂上，学生们如何使用沉默来逃离课堂以及将之作为一种对抗教师的武器的。此外，作为一种抵抗，学生的沉默也可能把一个对话的课堂变成一个以教师发言为主的课堂。为什么白人学生会拒绝在一个黑人教授的课上说话？拉德森·比灵斯探索了这背后的机制。不是把学生定义为叛逆的人，拉德森·比灵建议教师去追问自己在导致这种沉默中所扮演的角色。换言之，对于发言和沉默的使用，教师和学生双方都负有责任。发言和沉默的机会与空间是双方共同创造的。

通过改变参与和沉默的规则，我认为教师可以因此改变课堂的机制。不仅去关注教师怎么让学生沉默（或者学生自己导致的沉默），教师还可以自问，沉默在课堂上是如何发生作用的？可以去分析沉默和发言的规则。我在第五章会继续论述这个观念。例如，在拉德森·比灵斯所描述的课堂上，学生们关于发言和沉默的规则可能在很大程度上会因为他们的种族、文化、阶级以及性别差异而有所不同。这些规则总是由社会建构，与教师本人相结合，又反映了具体某个时间、地点上的规则，尽管这些规则本身常常是隐形的、从来没有被明确地表达出来。教师和学生一起对这些规则进行探究，可以让一些问题、决定以及张力以安全的讨论方式浮出水面。

美籍日本人立石（Tateishi，2007/2008）记录了自己儿时热热闹闹吃饭的场面，这和她的那些日裔美国伙伴们的进餐和谈话模式截然不同。在家里，她爸爸明显改变了规则，从沉默转向说话，以此来鼓励他的孩子们在美国白人的课堂上取得成功。在这样的课堂里，教师期待学生们说话而不是保持沉默。作为经历过拘留营的日裔美国公民，他相信学会大声说话对自己的家人很重要，对他的孩子们来说尤其如此。这种家庭规则上的变化，实现了预期的目标。

作为一个对亚裔学生感兴趣的教师和研究者，立石被邀请到一个同事的中学课堂上研究亚裔学生的沉默。在与一组学生交谈和访问之后，立石了解到，把学生们分为小组，能够起到鼓励发言的作用。此外，建立具体的发言规则，包括沉默的规则、在小组中确立一个组长来组织谈话，都是重要的。这种对于小组的建议，不同于马蒂·戴维斯建立的那种没有小组长的"叽叽喳喳"小组。除此之外，其余都一样。"叽叽喳喳"小组也遵照这一年一开始戴维斯老师教给他们的那些方针。这些例子告诉我们，课堂环境中那些促进发言的规则和结构都是高度情境化的。这一系列对于可感知的沉默的解决方案，都影响和改变着课堂与小组讨论的规则。

三、结论：把沉默和学习联系起来

在美国和世界各地，有各式各样的课堂。有的课堂被教师发起的谈话和学生的沉默主宰着；而在另外一些课堂，充斥着破坏课堂纪律的学生的吵吵嚷嚷，教师没办法让他们静下来、管不住他们。同样，也有一些嘈杂的课堂，包含一些专心学习和完成小组任务的学生，他们需要进行同学之间的讨论。在这类课堂上，同样也会有安静的时候。譬如，在学生们自己读书、在所谓的"连续默读"（Sustained Silent Reading）时间里，或者在处理自己的书面作业以及其他学习任务时。这些课堂之间的主要差别，不在于它们是吵闹的还是安静的，尽管这些特点可能会引起外行人的关注。真正的差别在于，是否有相当比重的沉默或发言是有意识的或者是受控制的。本章不是要去支持任何一种特定类型的课堂，而是认为，对于沉默的关注说明了课堂上的教和学是如何通过沉默或者发言的方式发生的。这提供了一种方式来扩展这样一些观念：谁参与了课堂？这种参与看起来是什么样的？学生们是怎样参与的？

随着对于官方预定课程的强调，尤其是在美国的城市学校和那些很难招募到教师的学校里，在 20 世纪 90 年代后期以及 21 世纪初，出现了一种对于讲授法重新关注的现象。在这样的学校里，教师站在教室前面宣读或者调整他们的教案。这种教学实践的支持者们认为，这种教学方式确保了学生可获得统一的、可预期的经验。他们的关注点是教师说了什么（或念了什么），以及学生会作出哪些预定的口头反应。古德莱德（Goodlad，1984）多年前发现，教师的言说主导着整个课堂，控制着学生的行为以及他们的发言内容（Cazden，2001）。结果，研究者们发现，高中生在阅读的时候会依赖教师，而不是基于自己或者同学们的分析（Alvermann, O'Brien, & Dillon,

1990）。在大约 20 年以后，这样的状况还是存在于学校当中。把教师的发言当作一种主导的教学媒介，忽略了在沉默中发生的以及双方通过沉默来进行的教和学的机会。而对于沉默在课堂教学中的作用的分析，提供了一些新的教学实践的机会以及一些了解课堂互动的新视角。许多教师认识到把学生分成小组来改变课堂参与模式的重要性。在重新思考和发展对于参与的新的理解的背景下，对于课堂话语中的沉默的分析，给教师和学生提供了新的角色。

多数教师试图将所有学生纳入到学习当中来，他们改变自己的实践以吸引更多的学生参与课堂。一种通常的做法是差异化教学，教师开发出一些平行的活动，使用匹配各组知识、技能和需求的定制材料，以吸引更多的学生（Tomlinson，1999）。为了让教学匹配学生，增加学生们的参与，教师调整的内容是多种多样的。我认为，为了吸引更多学生投入学习，除了关注内容，还要去检验教学实践（Schultz，2003），去理解通过发言和沉默学生怎么学、教师怎么教。改变教学实践以接纳更多的学生，背后的假设是要创造公平的课堂，这样全体学生的贡献都可以得到重视和认可。

对戴维斯老师的课堂以及一般课堂中的发言和沉默所作的分析，可以提出下面这样一些问题，例如：

谁被允许甚至得到鼓励去参与，谁被排除在课堂参与之外？

课堂的组织如何偏向特定类型的参与而否定其他形式的参与？

这些规则与公平和接纳有什么关联？

在当前的官方课程以及选拔性考试的背景之下，参与的功能和限度是什么？

参与的规则如何学、如何教？

什么样的参与能够扩展和增进学生们的理解？什么样的参与会被忽略，

被认为是一种干扰，或者被认为是"跑题"的？

下一章将通过对阿马莉·科尔曼（Amelia Coleman）所作的五年级课堂的深度研究，借助对课堂沉默的讨论来扩展这种分析，从学生沉默、发言与课程的关系的角度提出类似的问题。

第四章

学生的沉默与课程参与

为了建立班级共同体，同时也是为了在开学第一天就向学生们说清楚自己的期望，阿马莉·科尔曼老师解释说，她这间五年级教室的核心规则就是尊重。在简要的导入之后，她请学生们写一写"尊重是什么？"在提问"尊重是什么"的时候，罗宾回答说"保持安静"。一开始，科尔曼老师回应说："有时候，保持安静看起来就是尊重。"然后，她要求学生们进一步给出更丰富的回答。

在几轮问答以后，科尔曼老师决定回到沉默这个观念上来，澄清她所说的沉默意味着尊重的涵义。

有时候，尊重看起来就是保持安静。而有时候，尊重要求孩子们大声说出自己的想法。有时候，如果你尊重自己的学习，就得懂得分享，分享你头脑里的东西和你的思考。我们能在自己的学习共同体里提问吗？学习共同体看起来欢迎人们提问吗？**如果你不说话，你就没有学习**。如果你不提问，那就分享你的想法。保持安静，并不总是好的。提出问题，分享自己的想法吧！（田野笔记，2005 年 9 月 6 日。粗体为作者所加。）

科尔曼老师用到了罗宾的建议，认为尊重看起来就是保持安静，借此来强调她的信念，即学习是通过说话而不是保持安静来发生的。与很多教师一样，科尔曼老师重视口头参与，把它当作学习的标志。在开学的第一天，她就把这样的价值观告诉了自己的学生们。这样，学生们就知道在这个班级当中，人们对他们的预期是什么了。

在这节导入课上，科尔曼老师强调了自己的观念，认为学生的声音是她的教学实践的重要组成部分。（对于学生声音的一份重要述评，参见Cook–Sather，2002，2006。）对许多教师来说，对课堂讨论的口头参与，代表积极投入和主动学习。在讨论中作口头贡献，表示一个学生在努力理解一个概念，并且愿意把自己的理解公之于众。与此相对应的，沉默则表示一种退缩、不投入以及缺乏参与。在本章乃至全书中，我认为在发言之外，教师还应该将沉默视为学生参与学习的重要证据。本章提供了一些不同的做法，对这样的沉默作出回应。在那些不认可沉默、也不欢迎把沉默作为一种参与形式的课堂中，我建议教师引入新的参与模式，例如视觉的或者多模块的任务。我针对科尔曼老师的课堂，进行了一项为期4年的研究。借助对这项研究的讨论，我阐明了那些此前被认为是沉默或者不投入的学生，如何通过一种多模块的课程，在课堂上获得了新的位置，变成了参与的学生。

我们在阿马莉·科尔曼老师的课堂上进行研究时，恰逢美国把高风险测试作为学习情况的关键指标。尽管个别教师，尤其是那些从基于研究的教师教育课程中培养出来的教师，特别关注用学生的发言来评估他们的学习，但是政策制定者们还是常常把学生的发言看作是主观的东西、难以评价。结果，一些标准化的考试被开发出来，用来评估学生的学习。这些考试（尤其是通过联邦立法的，例如2001年的《不让一个孩子掉队法案》）带来的压力推动着课程决策，促使教师改变自己的教学实践，却很少花时间去聆听和了解学生。在美国和全世界的学校当中，课堂时间主要是用来训练学生，帮助他们在此类考试中获得高分，而不是把学习和他们的兴趣、热情和知识联系起来。尽管这些做法可能得到高分，但是它们能不能和深度学习、可持续的学习联系起来就不清楚了。更可能的状况是，由于受到标准化课程以及追求高分的限制，学生们很少有机会积极地参与课堂。

在本章，我阐释了为什么要在课堂中加入多模块的参与方式。这可以让教师为全体学生提供参与课堂学习的机会，让学习机会超出了口头和书面评价的范畴。本章的一个目标是通过详细描述一个包含多种媒体、多种模块的课程设计，在关注考试和学生发言之外，发展一种衡量学生学习和参与的新指标。这个设计，我称为"多模块故事"，它允许学生以可视的、有声的方式来展示自己的学习。正如上述片段所展示的那样，阿马莉·科尔曼老师塑造了一个课堂共同体，用发言把学生的生活与课程联系起来。在这间教室里，沉默的学生被认为没有完全参与学习；多模块故事提供了一种参与的替代方案。通过创造和展示多模块故事，此前被认为是"沉默"的学生，也能够成为一个"好"学生。在第一章，我把参与定义为对于正在进行的课堂互动的各种口头和非口头的贡献。参与可以采用口头的（说话）、视觉的（图像）或者书面的（文本）形式，学生也可以通过沉默来参与。对民主参与的关注，强调了融合的课堂环境的重要性，使用了以发言和沉默的方式来表达的多种视角和知识来源。本章详细描述了一种课程活动，试图提供一系列方式，让各种不同的学生都能参与学校学习，同时也为教师在考试之外记录和评价学生学习、聆听学生发言提供了手段。

　　类似科尔曼老师的五年级教室那样，在包含多模块任务的课堂当中，有多种方式可以让学生参与。通过 4 年多的研究，我们注意到那些在课堂上经常保持沉默的学生也可以扮演新的角色，在教室里实现一种更加可见的参与。我用"参与式在场"（participatory presence）来概括那些开始加入同伴、从事学校学习的学生们的生存方式。他们的想法因此得以公之于众，在整个群体中显现（参见 Rodgers & Raider–Roth，2006，对于"在场"的讨论）。参与一个群体，同时意味着学习别人的想法，合作创建一个空间，在其中新的思想和视角都可能迸发出来。学生们常常通过发言对课堂讨论作出贡献，当学生不能以口头方式进入课堂话语的时候，多模块的或者替代式的参与，可以让他们在学习过程中加入到自己的同学和老师当中去。在本章中，我探讨了学生怎样以口头以外的方式来参与课堂。一个包含多模块故事的课程，或者一系列创作和展示故事的方式，给学生们提供了新的机会，让他们把自己的知识和故事带到课堂中来，变成一个"好"学生或者一个参与的学生。增加新的表达观念的方式，允许更多的学生加入到课堂生活中来。

科尔曼老师强调，在她的课上所有形式的参与，包括聆听、书写和发言，对于学习来说都是必要的。通过强调自己的期待，即每个人都应该在课堂讨论时发言，科尔曼老师明确了课堂规则。与那种认为教学就是要涵盖所有课程内容、在学生头脑当中存储知识的观念相比，像科尔曼这样的教师是从学生知道什么、理解什么、好奇什么来入手，把它们当作一起建构知识的基础。科尔曼老师要建构一个重视每个学生贡献的学习共同体，这个决定反映了她的信念，即课程和教学是动态的、相互交织在一起。课程比教科书里的信息要宽泛得多，包括了儿童和教师带到学校里来的各种知识，以及教师为回应自己的学生而作的教学决策。科尔曼老师相信，每个孩子的声音都应该在课堂讨论中被表达出来，这既是教学决策又是课程决策。通过增加多模块的参与及更多的课堂参与方式，声音、沉默、参与等概念也得到了扩展。

一、多元文化课程在应对学生沉默上的局限性

在美国以及世界各地，公立学校的学生构成正在发生改变。作为一个移民国家，美国的许多学校变得越来越多元。随着这种多样性的增加，年轻人开始接触到更加多样的流行文化和新媒体。矛盾的是，尽管有更多接触新观念和新视角的机会，学校内却出现了更趋标准化、格式化的压力。在教学和课程上呈现统一要求的这些趋势，忽略了学校人口构成的日渐多样化，以及学生生活中正在发生的改变（Schultz，2003；Schultz & Throop，出版中）。学校在采用更加标准化的课程和更加统一的教学实践、语言实践时，也在承

担着对学生生活失去影响力的风险。随着学生们在校外参与学习、交流思想的机会的增多，学校课程的窄化使学校学习的内容与年轻人生活的关联度变得更小、更缺少意义。

本章强调了在阿马莉·科尔曼老师的课堂上，课程的开放性与可能性、参与和沉默之间的关系。对于课程内容和实施的争论，是美国公立教育一直以来的特点。但是，这样的争论很少把参与包含进来。这些争论主要围绕着对教育目标的各种相互冲突的理解，以及不同利益群体在"什么知识最有价值"的理念上的相互冲突（Apple，1979，2000；Kliebard，1966），而不关心这些观念怎么在课堂里通过发言和沉默得到落实和响应。如阿普尔（Apple，2000）所强调的，学校知识不是中立的。合法的学校知识是复杂的权力关系以及在教什么问题上，不同利益群体之间斗争的产物。

在20世纪前半叶，美国公立教育的主要目标是把移民同化到所谓的主流思想当中去。学校教育的核心功能是制造美国公民。这种"同化"的意识形态，一直没有受到过挑战。直到20世纪五六十年代，当时有一种努力，要用更多元的话语来替代这种模式，这种努力被转换成为大量的项目和课程材料（McCathy，1993）。在70年代，出于对肯尼迪和约翰逊政府失败的补偿性政策的一个回应（Banks，1993b），多元文化教育出现了。多元文化教育运动的一个目标是创造能够更精准地反映和体现美国多样性的课程，同时向所有学生展现在这个国度曾经生活过的人们的历史和文化。

课程所关注的具体主题是相当有争议的，这些选择反映了关于学校教育的一些基本假设。它们体现了谁的知识和视角是被重视的，以及相反的谁的历史、知识以及理解被轻视或者被抹除了。课程上的忽略，常常导致学生对于课堂参与的退缩，并逐渐建立起他们自己的沉默模式。与此相反，开放性课程让学生把学习与自己已经知道、已经理解和珍视的东西联系起来（Greene，1988；Remillard & Geist，2002）。

诸如麦卡锡（McCarthy，1988，p.267）这样的学者批评了多元文化教育，认为它对于主流的接受是一种"课程的休战"，设计的初衷就是为了强调20世纪60年代和70年代的各个种族群体的诉求。最近，拉德森·比灵斯（2003）等教育者认为，多元文化教育必须走出对单个群体的关注，包容多种形式的差异、关注全世界。涅托（Nieto，2000）鼓励教师们在多元文化教育中强调公平和学生的学习。这些目标都是阿马莉·科尔曼老师的课堂实践的核心，在她的课程选择和与学生的互动当中都可以看得到。例如，在解释为什么选择保罗·罗伯逊（Paul Robeson）的作品时，她解释道：

> 我知道他们懂得什么是不公平，我知道他们懂得勇气和大胆意味着什么。（这本书）讲的这个人和他们类似，也必须克服挑战。他们需要作出决定，来改变这个世界。……如果我不帮助他们来建立这种联系，我就会失去这些学生。（访问，2006年6月6日）

与此同时，科尔曼老师给学生们找到了一些书，都是关于他们可能认同的人的。科尔曼老师认可学生们的努力，给他们提供需要的技能和工具让他们在课堂以外取得成功。

尽管多元文化教育运动已经改变了从学龄前直至大学的大多数美国学校课程的内容，但是对于教学实践却很少有根本性的改变。在科尔曼老师的教室里，有许多反映了美国文化多元性的书籍和招贴。在她教的标准化课程当中，也有供教师使用的反映文化多样性的文本。正如班克斯（Banks，1993b）和另外一些学者所解释的，多元文化教育的核心目的，不仅是教给学生不同人群的知识、观点以及他们的认知方式，而且要传授给他们对这些信息进行批判分析的策略。尽管在科尔曼老师的课上，诸如教科书这样的课程材料也包含一些不同的种族和经验，但是它们很少涉及影响了大部分历史的核心冲突（Apple，2000；Banks，1993a）。仅仅包括多种文本，却缺乏在教学实践上的相应改变，这是不够的。下面的例子可以说明这一点。

在一项引人瞩目的研究中，卡奥米（Kaomea，2003）分析了夏威夷公立学校中的酷帕纳（*Kupana*[①]）计划。该计划始于 1980 年，目的是为了应对州府当局提出的教土著文化、历史和语言的要求。卡奥米的研究揭示了缺少教学干预的课程改革的局限。酷帕纳计划是为了应对禁止教夏威夷土语的"欧乐欧夏威夷"（Ōlelo Hawai'i）这一殖民化政策。该计划通过把社区里的长者（"酷帕纳"）请到课堂里来，以弥补不教土著语言和夏威夷文化带来的缺陷。酷帕纳们被告知要去教一些预定的课程，这些课程围绕着音乐、舞蹈、歌唱和手工等，而不强调或者不去教那些与语言和权力有关的历史性的不公正。卡奥米发现，该课程在介绍土著文化的外衣之下，有效地抹除了殖民者的历史。

尽管旨在修正过去的不公正，该课程却不涉及政治背景，包括教学土著语言时在内容和角色方面的一些重要选择。仅仅是介绍一些土著的实践，是不够的。卡奥米认为，要强调此前对夏威夷土著语言和文化的忽视隐含着种族主义。类似的批评也适用于许多相似的尝试，它们试图在课程中引入多元文化的视角以及材料。正如本章所述，仅靠改变课程来反映学生的文化传统是不够的，还有必要把多元文化课程与权力分析和批评工具结合起来。教会学生用多元方法来创作文本，这是这个过程的第一步。

在美国和世界上大多数国家，教师都被要求去落实官方课程，而官方课程并不强调此类主题以及权力机制。正如此前已经提到过的，许多地区都有指导大纲，在教学内容和顺序上给教师提出建议。其中一些还包含教师可以照着念的文本，对教师提出来的问题给出的一些预想的回答。沉默被认为是

---

① 根据维基百科的解释，"*Kupana*"在夏威夷语中有"祖父母"或者"长者"的意思。——译者注

一种不可接受的反应。科尔曼老师所在的学区刚刚采用了官方课程，包括预定的文本以及教学进度上的指导，并告诉教师要以什么方式、在什么时间把这些材料教给学生们。该学区的一个重要特点是每六周考一次试，在每五周的教学以后用一周时间来复习和考试。伴随《不让一个孩子掉队法案》年度进阶目标而出现的压力，意味着这些考试包括州府每年的评估，它们对于课堂实践有强大的影响。每天在每一间教室里的教学和课程，都要匹配课程内容基准以及年度考试中要求的那些技能。

当由教科书编辑者和高层机关人员来决定课程的时候，课程内容就会远离学生当前的生活和兴趣（Schultz & Fecho，2005）。学生们的各种身份和鲜活的经验在这样的课堂中往往是缺位的，这样的课堂关注的是对官方课程的落实以及考试准备。巨大的考试压力造成了教师实际上不能作任何新的教学选择，或者去关注学生的各种反应的内涵（这些反应包括沉默），这限制了学生的学习机会。对于标准化课程的关注，给课堂实践留下了很小的空间，即不能在课堂上反映学生生活、整合当地环境，以及接纳更多样的参与学校活动的方式。

正如本章所述，尽管官方课程有这样那样的限制，科尔曼老师还是作出了巨大的努力来建构一种课程，反映她的学生们的生活、经验以及对文化的理解。她一直坚持在学生当前的生活、经验包括流行文化与学校文本之间搭建桥梁。换言之，她应对学生在狭隘的课程面前的可能沉默的一种方式是，引入学生的故事和视角。尽管有这样的实践，或许也正是因为这样的实践，有些学生对于课堂话语共同体的贡献往往被忽略了。

在本书中，我通篇都在鼓励教师们把那种投入的沉默当作一种参与，与此同时去关注这种沉默是如何在互动中实现的。如果学生们积极参与课堂活动，但是选择保持沉默，我建议教师把这类沉默理解为一种参与形式。重要的是，与学生们一起去研究他们保持沉默的原因。这个话题，我在下一章还会作更深入的探讨。有时候，教师可以把学生的沉默视为一种参与，把这些沉默的学生当作参与的学生，他们的沉默正是一种参与的标志。在另外一些时候，例如当教师把发言当成学习的标志时，沉默就不会成为一个投入学习的学生的标记，而是冷漠、叛逆或者别的态度的符号。多模块故事课程为学生们提供了应用不同参与模式的机会，在发言或沉默之外给他们提供了一些途径，让他们可以用不同的方式参与课堂。本章特别考察了这样一些问题，例如：

教师怎样通过教学实践和课程改革来应对学生的沉默？

当学生采用沉默姿态的时候，教师可能会有什么反应？

在发言和沉默之外，学生还有什么参与方式？

最后，多元方式的应用是怎么帮助学生实现参与式在场的？

在介绍了把我和同事们领入课堂的研究项目之后，我开始更详尽地描述科尔曼老师如何在自己的课上把课程与学生生活联系起来。我将借助对教学实践、课程决策以及多元文本的分析来说明本章的论点，强调给学生们提供多种表达和参与通道的重要性。

二、课堂环境与课程干预

作为一项追踪研究的组成部分，我和阿马莉·科尔曼以及几位研究生密切合作了 4 年，设计了一个后来被称为"多模块故事"的流程。从一开始，我们就与科尔曼老师密切合作，她此前也曾是我所在大学的研究生。我们一起探索这个项目的研究问题和目标、设计课堂活动以及进行数据收集和分析。在这个项目中，研究者也常常扮演教师，在整个学年当中用一系列方式与学生们密切保持联系。同样的，作为教师的科尔曼老师也深度参与到了研究问题的设计、数据收集以及持续的数据分析过程中来。这些成了我们这个交互式研究过程（iterative research process）的特点。

我们这个研究团队策略性地引入了四个相互联系的设计，构成了整个研究的核心部分。这些设计是对教师的课程设计和学区课程的补充，为学生的表达提供了多种途径，超出了常规的文本写作以及标准化测验的范畴。我们把这些设计与官方课程联系起来，这样科尔曼老师既可以用这些设计来强化每六周进行的一次内容基准考试中所需要的各种策略，同时又可以采用学生们更容易接受的文本和表达形式。例如，在学区的阅读课程中，有一项策略是"寻找细节"。其中一项设计是要求学生们借助照片来讲故事。我们随后用这个策略从学生作品中寻找细节。另一个例子是，要求学生从各种不同的视角出发来讲照片中的故事，以强化寻找要点的阅读策略。我们有意设计了活动，强调文本的、视觉的和听觉的创作，包括一个最终的整合性项目——用 iMovie 软件创作一个短片。4 年来，科尔曼老师花费时间把多模块的设计整合到课程当中去，她也渐渐开始在这个项目中起到带头作用。

在引导性的活动中，写作被当成了第一个模块。活动内容是创作一首诗《我从哪里来》。这改编自琳达·克里斯坦森（Christensen，2000）描述的作文课。我们一开始设计这项活动，是为了给学生提供机会和工具利用他们的家庭生活经验来写作，尤其是以诗歌的方式。此外，我们要求学生批判地思考自己的表达，尤其是他们生活中的一些熟悉的内容要怎样才能与学校学习联系起来，例如熟悉的食物或者俗语。

第二个模块是视觉表达。在这个被称为"建筑的语言"的设计中，学生们走上街头，去寻找那些有故事的建筑。他们选择好建筑后，给建筑物拍照，用录音笔记录这些故事。之后，经过数次转录、扩充和修改，他们用照片和口头的方式再现这些故事。学生们拍了各种环境的照片，包括自己的公寓、喜爱的商店、街坊聚会的场所以及他们的学校。例如，有个学生拍了一间女孩子的打折店，店名叫"摩登女郎"。她在故事里说，自己曾逃进这家店来躲避男孩子们，然后在那里和姐妹们一起买东西。她把这家店定义为"真正的女性空间"。建筑物带有个人、家庭、学校以及社区的故事和记忆，既复杂又平凡，却往往会带来有力的、幽默的以及感人的作品。

第三个设计叫作"声音景观"。这可以给学生们提供机会，让他们通过各种声音来讲故事。有一年，科尔曼老师选择了与自己的课程有关的历史主题，学生们用音乐和网上检索来的声音讲故事，表达他们在这些主题上的看法。例如，学生们用音乐和声音创作的故事涉及的人物包括：作家兰斯顿·休斯（Langston Hughes）、派翠西亚·波拉蔻（Patricia Polacco），社会活动家罗莎·帕克斯（Rosa Parks）以及运动员罗伯托·克莱门特（Roberto Clemente）。还有一年，学生们收集了街头的声音，通过声音来讲述自己的生活和经历。例如，他们从街头的一间杂货铺里收集声音，从而引出了一个在漫长、忙碌的一天结束时和父母一起去买东西的故事（Schultz，Vasudevan，Bateman，& Coleman，2004）。

这个为期一年的课程的最后一项设计是，学生们通过视觉和听觉等多种方式，应用 iMovie 视频编辑软件，创作有关他们自己的故事。在这之中，他们既是朗读者，又是故事的创作者。为了编辑这些短片，学生们从家里和社区中收集照片、音乐和文本，包括这一学年中写过的东西。有几年，科尔曼老师把影片当作档案或者学生作品集，对这一年如实记录，同时为学生们设定下一步的目标或者为他们打气鼓劲。通常，学生们会浏览他们自己这一年来的作品，从中发现主题以及短片中实际能用到的素材。我们给学生们提供了简单的装备来收集素材。例如，我们给他们提供了拍立得相机，可以把照片加到故事中去（包括带有相机功能的手机在内的数码技术，在当时还没有得到广泛应用）。一个学生拍了家里所有她喜欢阅读和写作的地方。另一个学生拍了篮球场。第三个学生关注的是自己的祖母，展示了祖母在他的生活中扮演的角色，以及祖母对他的影响。此外，学生们收集了大量的音乐，包括 CD 以及从网上下载的音乐。最后，他们创作了新作品，并从整年的作品中挑选出自己满意的。从一段文字或者几篇随笔开始，也可以从一些图片或者音乐开始，学生们用视频编辑软件创作了一个包含文本、图片以及声音的多模块故事。

我们把这一系列活动称为多模块故事，以区别于用数字化方式来讲述的故事。这是一个具体的过程，有预定的行动步骤，通常是以一个脚本作为开始的（Vasudevan，Schultz，& Bateman，审稿中；Hull & James，2007）。我们希望学生们能够自己选择用什么方式来讲他们的故事。例如，尽管许多学生选择从写自己的故事入手，然后再加入图片和文字，但是另外一些学生也会选择从一组照片开始，还有更少数的学生会用音乐作为开始。他们的多模块故事往往都是关于他们的生活和理想的个人内心深处的故事。这种写个人故事的决定，可能是对研究者和科尔曼老师的要求的一种回应。另外，学生们之所以讲自己的故事，也可能是因为这个项目本身要求他们从校外生活中收集各种实物。尽管研究者常常会与学生小组一起工作以便在课堂中辅助教师，但是我们还是试图把这些设计整合到课程中去。我们有意识地简化装备，譬如使用拍立得相机，以此来确保这些设计对于教师来说是可行的。这样，即使教师不再能从研究计划中获得额外的物资支持，他们也可以把这些设计整合到自己的课堂中去。一开始，我们并不把这一点当作针对那些沉默或者"隐形"学生的一种课程干预。随着时间的推移，我们开始意识到，那些很少参与典型的课堂口头交流活动的学生们，能够使用我们在这个计划中介绍的多种模块的方式来表达自己。

三、把课程与学生生活联系起来

在某个学年的一开始，科尔曼老师引入了《我从哪里来》这首诗，这是她从研究团队那里学到的一个设计。在开始这节诗歌写作课前，科尔曼老师把一张纸分为四个方格，依次标记为"食物""语言""记忆""人物"，以便为写这首诗整理想法。她分享了自己的生活经验，把它们作为各个类目的范例，为这个活动作示范。科尔曼老师说她来自一个吃芥蓝和红薯的家庭，接着又说自己还来一个吃麦片但是没有牛奶的年代。她用这个例子鼓励学生们写真实的甚至是私密的事情。下面这个对话可以说明这一点：

科尔曼老师：我来自一个只吃麦片但是没有牛奶的家庭，因为我生活在一段艰苦的时期里。我可以说自己生活在艰苦的时期吗？

学生：可以。

科尔曼老师：你们觉得我现在还好吗？

学生：挺好。

科尔曼老师：有时候，承认自己过苦日子没有什么问题。因为艰苦可以让你变得更强大。你们中谁曾经过过苦日子？

（学生点头，但不作声。）

科尔曼老师（在短暂停顿以后）：过苦日子，不是你们的错。因为有时候生活就是这样子。（田野笔记和录像带，2005 年 9 月 12 日）

科尔曼老师发现了许多类似的机会，这可以让她把自己在一个相似社区的成长经验与学生们的成长经验联系起来、与一个低收入家庭的美国黑人少年的经验联系起来。她相信把学生的知识和兴趣整合到学区的官方课程中去是重要的。她常常把自己的生活经验、成就和信念作为范例，为占据学生主体的黑人学生作出榜样，分享她自己的种族和阶级背景。为了匹配高风险考试的要求，美国在课程上日益标准化，减少了教师搭建这种联系的时间和机会。尽管任教的学区也有当地的官方课程，可是科尔曼老师还是和许多天才的教师们一样，找到了许多机会来调适课程以适应他们的学生们。同时，这些设计也受到高风险考试的极大限制，它压缩了课堂中的参与结构、知识类型以及表明学习的证据。

乍看起来，这个班级的种族构成，和这个城市的大多数学校一样：学生中 98% 的是黑人。通过更详细的考察后我们发现，这个班级的种族和民族构成更加复杂，包括来自尼日利亚、塞拉利昂、牙买加、多美尼加共和国、柬埔寨、孟加拉国以及其他几个国家的移民。在这所学校，人们使用的语言大概超过 20 种。非洲和加勒比地区的移民学生，是这个学校英语补习者中的大多数。虽然许多学生是来自西非的移民，但是他们使用的是不同的法语。那些加勒比地区的学生多数是牙买加人，尽管他们的官方语言是英语，但因为独特的克里奥尔语和口音也被放到英语补习班中。在这项研究的最后一年，来自西非和加勒比地区的学生人数又增加了（Schultz & Coleman，2009）。

科尔曼老师围绕官方课程来组织自己的教学，与此同时她也寻找方法引进土著的文学和思想，这些是学生们尤其是那些黑人学生们带到课堂上来的。她相信，在"弹性课程中，教师有机会去思考如何真正为特定群体的孩子们服务；但是，这样的弹性课程仍然有标准，应该向标准看齐"（访谈，2005 年 12 月 6 日）。考虑到学生们带到课堂上的传统、文化和语言的多样性，科尔曼老师很难找到课堂谈话的共同基础。尽管她提供了许多机会，让学生们谈一谈自己的生活，但是仍然有学生不能与课堂的核心任务联系起来，或者不能与科尔曼老师整合到自己实践中去的故事和生活课程发生联系。科尔曼老师有不同的方法去理解学生们的背景和困惑，这是每个学生的经验的一部分。同时，她与非裔学生建立了亲密联系，而与那些移民学生则比较疏远。在这项研究的一开始，移民学生大概占到全班人数的 10%，在研究结束的时候，他们的人数比例上升到了近 20%。

基于杜威和美国其他进步主义教育者的思想，在过去的一个世纪里，教师们已经找到了兼顾学生兴趣和生活实际来开发课程的方法（Levy，1996；Skilton–Sylvester，1994）。正如我曾提出的（2003），课堂上有必要使用反映学生兴趣和传统的书籍和材料，但是这并不总是充分的。此外，我建议教师要像科尔曼老师那样，学会基于深入的理解来聆听和回应学生，努力把学生们的生活带到课堂中来。然而，只是要求学生讲自己的生活故事、写反映自身传统的诗歌、参与学校的学习，这对于科尔曼老师来说还是不够的。正如下面这个片段所说明的：

在开学的第三天，科尔曼老师没有使用官方的文本，而是给全班读了一本叫作《肤色，肤色》（*Skin again*）的图画书。她用这本书来教指定的有关预测技巧的内容。在课堂的一开始，她要学生们看书的封面，来预测一下这本书的主题。在封面的这幅画上，黑色的手和白色的手紧紧地握在一起。在大声念书的时候，她停下来强调这个句子："包裹着我的皮肤，只是一个外壳……它不能讲出我的故事，如果你想要知道我是谁，你就必须走进我的内心（hooks，2004，p.10）"。在讨论完这本书以后，科尔曼老师问全班学生："我们在这里做一些练习，试着走进别人的内心，你们觉得如何？"不等同学们回答，她继续说："我想要有个机会去了解你是谁，想走进你的内心，想有机会看到我们各自的历史。"（田野笔记和录像带，2005 年 9 月 8 日）

科尔曼老师小心地选择文本和活动，邀请学生们把自己的知识带到课程中来，指出他们生活中的突出问题。她认真聆听学生们的故事，认可每个孩子的参与以及他们带到课上来的东西的特殊性（Schultz，2003）。作为提供给出版商的那些缺乏学生本土知识的课程的补充材料，科尔曼老师用到了自己的经验，并且与学生们联系起来，让他们投入到学习中来。尽管有这些努力，但在相当长的一段时间里，那些新近移民学生还是在这类活动中显得相当沉默。由《肤色，肤色》这本童书以及预测技巧这节课引发的对于种族和肤色的讨论，看起来会让这群学生沉默。

不同背景的学生可能对"种族"问题有不同的理解和讨论。班级中大多数新近移民学生都是来自以黑人为主的地区，这导致他们并不熟悉关于种族和肤色问题的讨论。批判性多元文化教育的一项假设是：对于诸如"种族"这类话题的公开讨论，是更加包容的课堂的重要组成部分。通过讨论一个对于多数有色人种来说共同的核心议题，科尔曼老师把对阅读策略的关注和建立课堂共同体的努力结合了起来。科尔曼老师的目标是，利用与班级多数学生相同的背景，为学生们提供一个用自己的知识和经验来完成学习任务的机会。然而，尽管他们的种族背景类似，对于极少数学生来说，仍然会感到困难，这可能是因为他们没有类似美国的多种族经验，或者他们在回应文本和作准确预测时，对"种族"有不同的理解。他们在课上的沉默，可能反映了他们的经验和班级大部分学生的经验之间的断裂。

要根据班上所有学生的出生国和种族身份来寻找作品和故事，这对科尔曼老师来说是困难的，更不要说还有标准化课程对教学的限制。于是，科尔曼老师转而依靠学生自身，给他们提供各种各样的支持，让他们把自己的故事带到课堂上来。作为多模块故事一部分的《我从哪里来》，正是其中的一个例子。科尔曼老师还努力把流行文化中的例子带到课堂上来。例如，有一天在一节关于复数形式的课上，她以一个名叫"50 美分"（Fifty Cent）的艺术家为例，强调了这个艺术家不在自己的名字结尾处加上"s"的决定。这些课程选择并不能解决学生在课堂上的沉默问题。为了能够教好班上的所有学生，她发现自己需要采取那些鼓励学生说自己故事的例子以及活动之外的措施。当一些学生不乐意说自己的故事时，科尔曼老师改变了参与结构，找到了向更多学生开放课程的其他方式，来包括那些总是沉默的学生。

四、使用多模块课程应对学生沉默

在另一节课上，全班在复习预测的策略。在读过官方教科书上的一个故事片段之后，科尔曼老师要求全班学生告诉她，在阅读文本的时候，他们对于故事的预测发生了什么变化。她点了谢里，这个孩子总是耸耸肩说"我不知道"。科尔曼老师告诉谢里，过一会儿会来提问她，了解她的预测。然后，科尔曼老师转向班上的其他学生，问他们还记不记得自己最开始的预测是什么。随后，当谢里继续拒绝大声分享自己的预测时，科尔曼老师提醒她，"别忘了，来学校就是来学习，而学习就要准备好分享……如果我们不说话，不提问，不分享自己脑子里的想法，我们还能好好学习吗？"全班同学齐声回答："不能！"科尔曼老师继续说："这就是为什么我要给你们机会，在分享之前先让你们想一想打算分享什么。我是不是要求你们先把它们写下来？我没有让你们尴尬吧，对不对？"学生们异口同声地回答："没有。"随后，科尔曼老师转向那些愿意分享自己预测的学生们，继续上这节课。（田野笔记，2005 年 9 月 6 日）

科尔曼老师常常改变自己的课堂参与结构，让课程更容易被学生们接受。例如，如果学生太害羞、不好意思站在集体面前，她会允许学生选择一个同学来大声念给对方听。如上所述，她也给学生们提供了结对子学习的机会，有时候是让他们组成小组。在要求他们大声回答之前，她常常让学生们把自己的想法写下来。有时候，就像谢里的例子所说明的那样，这样做还不够。谢里沉默的原因是复杂的，可能她需要更多时间、更多空间，又或者是因为她希望躲开别人的注视。

尽管科尔曼老师强调，作为班级的一员学生需要分享自己的想法，移民学生们在课上还是很明显地缺乏口头参与意识。正如在第二章所解释的那样，他们的沉默往往反映了他们用一种新语言来表达自己想法时的困难，他们需要更多时间，又或许他们需要保护自己的家庭生活，不想被自己的同学和老师围观。科尔曼老师一般会给学生们提供口头和书面两种参与方式。但是，通过应用多模块故事，她为学生们提供了多种渠道对课堂对话以及课程作贡献，同时采用了一种新的做学生的方式。

本（Ben）：在课堂上变得更显眼

在9月里温暖的一天，本坐在五年级教室里自己的位子上，他的脑海里浮现了一些关于柬埔寨的回忆。对他来说，写《我从哪里来》这样的诗，一点也不困难。每天他都反复被提醒，自己是从哪里来的；他的这层身份，是他向这所城市公立学校的老师和学生介绍自己的要点。他开始写自己的题目"我来自"，然后继续结合现在的生活和过去的生活：

我来自杀人的地方，动物走来走去，骑自行车，分享爱。

我来自米饭、鸡蛋卷，还有面条。我来自DVD、歌曲、CD、电影，还有汽车模型。

我来自贫穷和富裕。我来自疾病和冷酷。

我来自爱心，祖父母爱我们。

我来自一个我爱的旗帜。这个旗帜是我的国家所爱的。我来自红与蓝。我来自柬埔寨。

在这一年的后期，本得到了一份与创作多模块故事有区别但是又有关系的作业。通过影像、文本和音乐，本和他的同学们表达了自己从哪里来、他们在五年级的学校生活中经历了什么以及对这个长期项目的期待。本再次将自己的家庭以及祖国作为想法的来源。他把自己在柬埔寨刚刚过世的祖父的一幅画，还有从电脑上找来的图片、地图以及几张照片带到学校。那幅画表明了他对亲属的敬重，代表了他是谁、他从哪里来的必要元素。柬埔寨地图使他的故事有了一个特定地域。而这些照片，则给他的生活提供了具体的背景。他选择了柬埔寨音乐，并且把他的故事录制下来。他的最终作品是在电脑上用 iMovie 软件编辑的一个两分钟的短片。短片的内容包括他的过去、现在和未来，他以一种梦幻般的顺序把这一整年里他背负的种种忧伤融合了进去（Schultz，2006b）。

正如第二章所说的那样，教师们常常要面对那些没有办法用语言来表达自身经历，或者出于各种理由选择沉默的学生。教师们可能远离这类经验，或者自己也没有办法找到合适的语言来表达这类经验。结果，教师们就得面对学生的沉默、空白的作业和耸肩了。本在课堂上常常沉默。他用诗歌来描写自己的经历，之后又把自己的经历和影像整合到一个基于数字技术的叙事或者用 iMovie 制作的多模块故事中去，这些都给他提供了参与课堂学习的新机会。应用多模块方式给本提供了机会，使他能在通常的文本练习之外表达自己的想法和知识。通常的文本练习对于他这样的英语新手来说太困难了。他用《我从哪里来》这首诗，把在费城的生活和他的家庭传统整合到一起。用影像和音乐来述说故事，本和他的同学们可以说出一些与过去在学校里写故事、说故事不一样的东西（Schultz & Coleman，2009；Vasudevan，2004；Vasudevan，Schultz，& Bateman，审稿中）。

在校外，尤其是在城市地区，许多年轻人有机会用多元方式来体验和创作，诸如口头的诗歌表演，用数字视频来叙事，创作图画故事、杂志、同人小说以及精致的视频游戏（Gee，2003；Thomas，2004）。对许多年轻人来说，这些媒介是强大的教学工具，充满了学习、探索以及可能性。与此相反，学校里的学生们往往只是阅读和进行基于纸质的、印刷文本的创作。学生很少得到机会，把他们校外的知识、写作和兴趣带进教室，因为他们生活中的这些内容可能与日常的官方课程以及常规的学校参与模式并不匹配。在课程中加入多模块的方式，给学生们提供了更多的机会来参与学校生活，给他们提供了更多新的参与的可能性。

在我们的访谈和讨论中，移民学生以及其他一些更加沉默的学生，提供了多种理由来解释他们为什么不用口头方式参与课堂。有些人仅仅是因为害羞；另外一些人是担心自己的英语程度，或者对课堂讨论的节奏感到不适应；还有一些学生在想别的事情，或者对课堂讨论的内容不感兴趣；一些学生不喜欢在同学面前发言，因为他们不希望表现得太过努力。多模块故事引入了一种课程，专注于用新的方式来创作故事，把学生的生活放在中心位置。对于像本这样的学生来说，用一幅画来代表他在柬埔寨的祖父会比创作和大声念一个故事要容易得多，尤其是在这样一个私人的话题上。柬埔寨音乐可以传递一些无法诉诸言语的情感。赫尔曾讨论过多模块方式的重要性，认为"我们所处的是一个图像取向取代语言取向的时代，图像把文字从书本中挤出去，我们的生活也日益依赖流行的视觉文化来调节（Hull，2003，p.230）"。视觉图像占据了视野，音乐浸透在许多人的生活中。当他们在学校里创作故事的时候，这些方式是学生的重要资源。多元故事不是要替代沉默，而是给学生提供一种方式，帮助他们把沉默转译为一个个故事。对于那些常常沉默的学生来说，多模块故事给他们提供了一种方式，让他们把自己定位成一个投入的、参与的学生。

赛玛（Saima）：要求一种参与的在场

在这间教室里，教师重视与学生生活和社区的联系。多模块故事让一群学生变得更"可见"。他们分享自己的知识以及生活细节，却不必把自己摆到台前或者置于全班的中心位置。这些学生为自己的老师和同学们创作这些故事、念这些故事或者把这些故事投影到屏幕上，这样他们就可以打破"沉默""安静"或"不投入"的角色，在学校中用多种不同的方式当学生。尤其是对那些新近移民学生以及出于各种理由而比自己的同学更加沉默的学生来说，他们使用多模块设计实现了一种更强大、更可见、更参与式的出场，并扮演着不同的学生角色。这可以用赛玛通过多模块设计的参与和获得的成长来说明。

赛玛是个用功、安静、娇小的孟加拉女孩，她包着头巾（*parda*），把自己描述为一个"胆小鬼"。她在四年级的时候来到美国，在进入这个班级之前，她来这个国家才刚刚几个月。一开始，赛玛很明显地想努力学好。正如科尔曼老师所观察到的那样，在她迅速学习一门新语言以及一种新的做学生的方式的同时，她在阅读和写作上也表现出了巨大的进步。

在多模块故事这项设计最开始的作业中，赛玛用下面5个句子描述了她的成长背景，作为《我从哪里来》这首诗的开头：

> 我来自小鸡、鱼和稻米。我来自格斗、慢跑和赛跑。我来自法式炸鸡和炸鸡块。我来自谈话、笑声和笑话。我来自树木、灌木和花朵。

在最初版的诗中，赛玛用一些泛泛的词汇来描写自己的生活，把自己描述为一个"来自小鸡、鱼和稻米"的地方的人。她的作品包含诗歌的必要元素。然而，这首诗缺少具象，没有反映她的生活的特殊性，这或许是因为她正处在练习英语的阶段。在概括性和准确性上，这首诗反映了她迄今为止的创作水平。她对于食物的描写，对"法式炸鸡和炸鸡块"的描写，反映了她移民美国以后的美式生活。她在应用英文的时候还是会犹豫，试图遵守同学们设定的规则。这首诗是在这一年的早些时候写的，显示了赛玛在写作过程中可能感受到的限制。赛玛对于服从这种教学心有怨言，不过还是决定隐藏自己的家庭和家庭生活的某些方面，以便融入班级中那些未言明的规则。出于一系列可理解的、重要的理由，许多学生作出了类似的选择，来保护自己的家庭生活，或者在学校和家庭之间筑起一道防线。然而，考虑到这份作业的特点，她决意不把自己的孟加拉传统放到诗歌里去。这个决定还是让我们感到惊讶，这首诗中的某些片段，与赛玛的背景知识没有关联，这在这首诗的另外一个部分也有反映：

> 我来自乡村音乐、乡村电影。我来自捉人游戏、隐藏与寻找、木头人游戏。我来自小汽车、公共汽车和拖拉机。我来自冬季、夏季和秋季。

赛玛没有利用这个设计来探索自己的传统。像本和别的许多同学那样，赛玛选择了只是根据教师的指导来完成作业。尽管她的家人也可能听乡村音乐，但她所写的三个季节似乎并没有反映她在南亚的生活。布置这个作业的本意，是让学生们利用自己的知识和经验。但是，这首诗看起来并没有包含赛玛的想象。在她眼里，这份作业和这一年里别的按部就班的书面作业是一样的。

与此不同，几个月以后，赛玛通过《建筑物会说话》这一作品，讲述了她作为一个新移民来到这个国家以后的个人故事。"建筑物会说话"这项设计，在一般的书面作业的基础上，增加了一种视觉元素。在这个设计中，她写出来的故事不再是套路式的，而是对她本人有意义，且可能改变她对于学校活动的投入。赛玛用她最要好的朋友的卧室窗户的照片作为配图，用温柔的声音讲述自己最初是怎么接近这个朋友的。一切都开始于听到对方也在说孟加拉语：

> 嗨，我的名字是（赛玛）。我拍了一张我朋友家的照片，因为在我刚来美国的时候，我谁也不认识，也不知道怎么说英语。然后我看到了他们，我想他们是我的国家的人，我和他们说话，最后我们成了最要好的朋友。这就是我要拍这张照片的原因。

图 4.1　赛玛的作品《建筑物会说话》

简单的词汇以及照片，带来了一个重要的时刻，一个超越语言和图像的故事把赛玛的家庭和学校经验联系了起来。随后的各项设计，包括用一系列数字模块来创作，让赛玛的跨越国界的叙述得到了进一步发展。在最终的设计中，赛玛创作了一个多模块故事。其中，她通过代表自己身份的不同侧面的数字制品，把一个故事的几条不同线索放到一起。在我们观看和聆听这个故事的时候，我们为她熟练掌握的在课堂里大声发言的方法以及各种参与的模式感到震惊。

在学生们探索用各种数字模块来表现自己的时候，赛玛开始在文本中加入一些新的、不同的细节。科尔曼老师在年终的档案袋中给学生们提出了三个问题，促使他们思考：自己从家庭和社区带了什么东西到教室里来？在五年级学到了什么？未来的目标是什么？她希望学生们把在追寻自己的目标时学到的东西记录下来，激励他们在离开她的课堂以后能在学校里继续努力学习。作为影像的开头，赛玛写了三段文字来回答这三个问题：我来自哪里？我是谁？以及我要到哪里去？

这些新的作品，与她最初的作品《我从哪里来》有很大不同。因为她同时使用了图像、音乐以及自己的声音来叙述文本，使这些作品得到了极大的丰富。回答"我从哪里来"这个问题的文字，是从"没人能够夺走我的名字，因为它是我的。我是孟加拉人。"这一句开始的。在这首诗里，她继续写道：

我是河流

流经我的故土

我是高山

神圣又奇妙

从混沌中冉冉升起又终于混沌

我向朝阳致敬

她照耀着富饶的溪谷

炙烤着无人的荒野

我是红色的罂粟花和微弱的声音

它们从该死的大山里长出来

我是争取自由的呐喊

不断重现在我眼前

成了我身体的每一个分子

因此，我是这样的

没有人能够

夺走我的名字

坦克、枪支和炸弹都不能

尽管它们能够侮辱我、杀掉我

祖国活在我的心中

我是争取自由的呐喊

不论他们从我这里夺走什么

他们都不能夺走我的名字

或者我的尊严

我是一个孟加拉人

在这首诗歌以及整个影片中，赛玛在回顾自己的过去、现在，并且在预想自己的未来时，一直都在强调自己的国家身份。她的语言和图像，与她在学年初写的诗中描述的吃鸡块和听乡村音乐已经大不相同。在她的多模块故事中，赛玛用温柔而又坚定的声音叙述了自己的家庭故事，并与她要当一名医生的愿望联系起来。创作这首诗，写作，照片以及影片都给赛玛提供了讲故事的工具。当开始讲故事的时候，她使用了图像和声音，文本也因此变得更加复杂和有力。她把自己安静的顺从，转译为一种更大声的、更参与式的在场。

把创作过程扩展到文本模式以外，学生们的创作方式发生了重要的改变。使用诸如数字照片以及音乐等各种模式作为开始，带来了不同的讲故事的方式以及新的、多层文本的建构（Vasudevan，Schultz，& Bateman，评审中）。为学生提供一系列数字式的创作模式，可以让他们记录和包容自身的多样性。如果没有这些模式，这些多样性就不会或者不能在他们的写作或课堂的口头参与中被反映出来。在这一年的一开始，赛玛说话时的声音小得几乎听不到。与大声念一个故事不同的是，她的多元故事被投影在墙壁上，她的声音通过一个连着电脑的扬声器传出来。新模式给她提供了新的方式，让她把自己当作一个参与课堂的学生，而又不需要站在教室前面大声说话。在她使用图像和音乐来讲故事的时候，赛玛作为创作者的声音在音量和深刻性上都增加了。此前，她是独立写作，没有得到同学们的帮助。通过这些新机会，赛玛开始投入各种课堂活动，成了一个典型的参与者了。如果参与的模式还是局限于发言的话，她是很少有可能会扮演这样的角色的。

迈克尔（Michael）：体现在学习上的存在感

在这间教室里，不仅是移民学生能够从多模块故事中受益。迈克尔是一个外向的、精力充沛的非裔美国男孩，他只是时不时地投入学习。他投入和参与课堂活动的程度，很大程度上取决于老师和教室里的其他成年人给了他多少关注。在不参与课堂的日常活动时，迈克尔就会有很长一段时间的沉默。他的沉默表达了他对学校学习的抵触。课堂上讨论的话题要么太难，要么距离他关心的话题太过遥远，结果在他看来都是做不到的。然而，与他那些稀稀拉拉的作业相比，迈克尔在"建筑物会说话"的设计中，配上自己公寓的照片，写了一个很有力量的故事。这基本上是第一份能够吸引他注意力的作业。

在这个设计中，迈克尔选择拍摄他居住的公寓的入口以及台阶。这张照片背后的故事，反映了他在家庭内外的活动。在拍了几张照片之后，迈克尔坐在台阶上，录下了他对于这个充满了冲突的街区生活的各种感受：

我在这里住了8年。我刚搬来的时候才2岁，每个人看起来都要比我大。我刚开始和哥哥或者别的带我玩的人一起出门，他们会照看我、维护我。就这样，我越长越大，每个人都开始和我玩。但有时候我也想离开，因为在他们找乐子的那些晚上，你都可以听到枪声或者别的。当你早晨出门、走在上学路上的时候，你能看到尸体和子弹的痕迹。有时候我想留下来，因为我所有的朋友都在这儿。我们总是在一起踢球和打球……这就是我的故事。

图 4.2　迈克尔的作品《建筑物会说话》

故事中，迈克尔说自己一开始是个小孩子，是这栋房子的新人，渐渐地，他成长为一个有很多朋友的男孩，这些朋友跟他一样都想着整天在路边玩球。同时，他指出自己所在社区持续存在暴力，这让他想要离开。此前，迈克尔从来没有在学校作业中表达过这类认识和思考。

通过照片和录音，迈克尔创作了一个很有力量的故事。这个故事发生在来自特定的地点，反映了他与家人、朋友的深刻联系（Hull & James，2007）。他用迥然不同的词汇来描述自己的邻里，表达了自己体验到的幸福和希望，以及偶尔出现的想要离开这里的想法。这个故事的核心是关系以及保护，这体现在他一开始提到的哥哥以及最后一句提到的朋友们上。尤其是，他在结尾处有一个坚定的表达，代表了他这一年来的作品的特点。对于自己体验到的世界的真实描写，替代了他那标志性的沉默和对学业的疏远。这不是说他是一个安静的学生。正相反，迈克尔总是很吵闹，常常干扰其他同学。而在这个体验之前，一旦要处理学校作业，迈克尔总是退缩、写得很少。他对于学业的态度，以及对于投入学校学习的那种不情愿，反映了一种特殊的沉默，让他不能成为一个投入学校学习的学生。而吵闹和干扰行为掩盖了他在学业上的沉默。

类似迈克尔这样的学生，他们在学校里的表现既不能反映他们的家庭文化传统，又不能反映他们讲故事的能力。借助创作多模块故事的课程机会，这些学生被放到了一个更好的位置上来学习，而不是被推到课堂的边缘。多模块设计以及利用社区和家庭生活的机会，让迈克尔放弃那些空白的作业和在课上的不投入态度，开始创作展示自己的知识、世界观以及丰富才能的作品。

和许多其他同学一样，迈克尔的学校写作作业只代表他的文本的一个片段，往往没用到他的家庭和社区身份以及社区丰富的资源（Schultz，2003）。多模块故事可以让迈克尔去联系这些背景，在创作上大胆冒险。在这一年接下来的时间里，迈克尔利用"建筑物会说话"这项设计，创作了一个故事来表达家庭对他作为一个学习者和故事创作者的重要性。类似家庭、体育活动、朋友以及邻里这样的主题，都在他最终的多模块故事中重新出现，并通过照片、叙述和音乐的方式得到了强调（Vasudevan，Schultz，& Bateman，评审中）。与多模块故事联系起来的活动，让迈克尔可以找到一种在学校学习上的存在感，成为一个投入学习的人，用参与替代了无动于衷的沉默。

迈克尔常常大声说话，尽管他说的话一般和学业无关。与他的许多同学一样，他经常关注的还是篮球、街头发生的事情或者是操场，而不是课堂上的这些官方内容。利用家庭生活经验的机会，改变了迈克尔在课堂上的参与。不是让他更大声说话或者以参与的方式出现，就像在赛玛和本的例子里所做的那样，这种多模块故事让迈克尔变得更投入学业或者正式的课堂活动。对于诸如迈克尔这样的学生来说，把课程向多模块故事开放，可以让课程变得更加容易接受，这改变了他们参与正式的课堂活动的性质。

五、结论：向所有学生开放课程

谁有资格说话？谁有资格保持沉默？（Stein，2004）

本章讨论的很多主题，南非教师施泰因都进行过探索。她认为多模块教学对于一个后种族隔离时代的国家来说，显得尤为重要。她解释说，南非和世界上的大多数国家类似，口语是占主导地位的沟通方式，广播和电视比书写和印刷文本更为常见。这种对于非文本形式的沟通的偏好，给教师提出了特别的要求——必须把校内对于书写能力的强调和校外常规的沟通方式联系起来。南非那些曾经灾难深重、无法言明的事件，则向教师和领导者们提出了具体的、情境性的挑战。

施泰因（p.113）说明了沉默在作为一种沟通形式时的作用，指出了引入多元模式以后出现的各种可能性，一如我所描述的科尔曼老师的课堂：

在多元模式的教学中，沉默作为一种沟通方式，能以无声的方式来发声，且有它自己的节奏和变化。这是一种参与、一种确认、一种建设性的模式，而不是对立和抵抗。在教学中使用沉默，并不是要打压任何一个群体。这是一种包容性的沉默，而不是排他的和威胁的，它允许积极的、在场的存在。这种沉默把学习者视为完整的主体，他们有被教师"聆听"的需要，他们有一些东西是不能说出来的，而这本身就不能宣之于口。

第二章描述了学生为应对生活中一些无法言明的事件而采取的沉默。例如，赫蒙族的马丽会一直保持沉默，直到她的老师创造了一个非正式的谈话空间，允许不同的参与规则存在（Campano，2007）。基于类似的对于沉默作用的理解，施泰因认为，选择是否沉默的机会可以让学生自己决定是否说话，让他们在自己书写的内容面前保有权威。这种作为参与方式的沉默的可选择性，让学生可以选择哪些故事要大声说出来，哪些故事或者恐惧只讲给自己听。她进一步强调，用沉默来回应是积极的、包容的，而不是保护和排斥他人的一个障碍。施泰因发展了这样的观念，她认为有些想法是说不出来的，可以用语言之外的方式来表达，"身体承载着历史、记忆、思想、情感和欲望。身体既是语言也是沉默。我们的身体是知识的存储器，但是这些知识并不总是用语言来表达、通过语言来获得。这些知识可能被感受到、想象到，也可能变成影像，又或者是被梦到（2004，p.99）"。有的想法可能必须处于私密的状态，包裹在沉默之中。不同的是，多模块教学或者多种教学方法，包括使用多模块文本让学生找到传递自身想法的方式，让学生可以加入到课堂共同体当中来。

和施泰因老师班上的学生一样，对于多模块故事的使用也给科尔曼老师班上的学生创造了新的机遇和空间，他们因此能够得到表达的机会，决定是否以及如何把自己的故事贡献给更大的群体。在发现和使用新工具向公众讲故事的时候，多模块故事让本、赛玛、迈克尔以及他们的同学认识到自己的故事的价值。没有因为沉默而被放在处境不利的位置，或者缺少能力把自己的想法与感受融入到大声念出来的作文中去，这些学生得到了新的方式来讲述自己的故事，而又免去了站在集体面前说话的那种压力。他们得到机会，用那些对他们来说有意义的知识来创作全新的故事。他们每个人都在生活中获得了一些经历，这些经历包含着复杂的感受，很难单独用言语来表达。在另外的场合，他们可能受限于自己的语言能力或者文化知识水平，而被放到了处境不利的位置。他们可能通过沉默获得额外的时间来思考问题。多模块故事这种新的模式，为整节课提供了新的参与路径，从而实现了多元文化教育最初设定的目标。

在科尔曼老师的课上，多模块故事的课程设计给课堂带来了新的声音。在播放器或者投影机正在播放他们的故事的时候，学生们可以安静地站在那儿。他们的故事可以进到课堂话语中去，而他们本人又不必站在人群前。要知道，站在人群前，对有些学生来说会很困难。当这些故事是私密的、学生对自己的语言能力或者发音不自信、当学生们感到害羞或者出于一些别的原因很难当众表达的时候，情况尤其如此。

学校教育的一个目的就是给学生们提供各种机会，让他们有更多的获取知识的途径，给他们提供实现自身目标的工具。所以，设法让尽可能多的学生投入学习，设法让他们参与到课堂活动中来，就显得尤其重要。如果把课堂理解为年轻人作为多元民主社会的公民而主动参与的场所，那么扩展学生参与的机会就显得特别重要。但是，仅仅在课堂上聆听每个人的声音还不够。仅仅向每个学生征集故事，然后假设通过讲故事就能与他们建立起亲密的关系和联系，这种做法还不够充分、不够尊重他们，也不是我们想要的。学生尤其是那些与班里大多数学生背景不同的学生，以及那些一开始就害羞和抵抗学校的学生，可能需要新的邀请和参与模式来对课堂讨论作出贡献。艺术活动为学生们提供了参与学习活动的新方式。

玛克辛·格林（2003，pp.72–73）提醒教师，在教育中应用艺术活动，可以培养学生的想象力和民主参与的能力。

教学是在黑暗而又压抑的时代里的一种可能性。教学唤醒并赋权于今日的年轻人，让他们可以去命名、思考、想象和行动，在这个日益多样化的世界里，承担越来越多的具体责任。……尽管有可能游弋不定，但是教师在自己的生活和工作中有一种超凡的能力，能让光明照亮每一个角落，他们或许还可以推动新人的加入，然后作出改变。

发言是多数课堂的核心参与模式。通过发言，教师能够了解学生知道什么、需要知道什么，了解学生生活中的各种可能性。面对大多数学生时，教师坚持让学生用说话的方式来参与，这可能是一种成功的策略。在阿马莉·科尔曼老师的课上，此前因为相对沉默或者被当作外人而处在班级共同体边缘的学生们，因为多模块故事也被认为是参与的学生了。此外，把学校学习和从家庭、社区获得的知识联系起来，也让一部分学生可以创作出一些对他们来说富有意义的作品，尽管并非全体学生都能做到这一点。通过提供新的表达想法的模式，让学习内容与学生的生活相联系，科尔曼老师培养了学生的能力和素养。

当教师找到能够更近距离地聆听学生的方式，并且在课堂上整合这些声音的时候（Schultz，2003），他们关注的是给学生创造机会，使用学生自己的家庭和社区文化知识。学生可以把这类知识当作学习新信息和策略的基础，把自己的学习与已知的、真正在乎的东西联系起来。多模块故事的课程实践，只是一种让课堂有更多学生参与、引入学生背景性经验的办法。通过对内容和教学实践的共同关注，多模块故事给教师提供了一种新的教学方式和呈现知识的方式，这改变了谁能够参与课堂生活以及参与的状态。通过为这些新视角、新声音进入课堂共同体创造机会，并且在一定程度上借助多模块故事项目，科尔曼老师改变了自己的关注点。她不只是去关注那些与她有共同背景的多数学生，而是采取了一种更加包容的立场。而且，学生之间也可以相互学习，从而对与他们的生活息息相关的那些重要概念有了更广博的理解。

教师和同伴都可以学着去解读和理解学生沉默包含的意义。尽管在有些时候，学生们会通过保持沉默来保护自己、在家庭和社区生活之外筑起一道屏障，但是也有很多时候学生不能用口头或积极的方式来参与，除了沉默他们没有更多的选择。这些条件限制了他们的学习机会，对于整个班级的学习也是一种伤害。应用一些特定的课程和教学实践，把学生的家庭和社区生活与学校学习联系起来，为学生参与创造了一些新的机会。当科尔曼老师告诉谢里"不发言就没有学习"时，她强调的是主动参与的重要性。在这一章，我指出还有其他的积极参与课堂共同体的方式。这些方式包含沉默，也包括用新方式和媒介来创作故事，积极投入那些能够在社区议题和课堂知识之间搭建联系的设计中去。

在一次访谈中，科尔曼老师班上的一名学生解释说："就像在用 iMovie 一样，我用一种热情的态度去写作，这是一种作家一般的热情。"情感尤其是激情，在学校里往往是缺失的。因为随着标准化课程、高密度的课程表以及高风险测试的到来，培养学生的热情和兴趣的空间变得很小。在课程中加入多种模块，设法让学生加入那些与其自身相关的话题，或者与他们的家庭和社区生活有联系的话题，开创了一些新的表达和参与的可能性，让他们有办法在沉默之时也能作出贡献。用多种模块带着"热情"来写作，为改变课堂实践提供了新的可能，使更多的学生成为课堂共同体中一名看得见的成员。

第五章

来自学生沉默的启示

一小群预备教师在小学识字法课上围坐成一圈，讨论童书《了不起的格里斯》（*Amazing Grace*）（Hoffman，1991）。这本书讲的是一个喜爱表演的黑人女孩子想要在课本剧《彼得·潘》（*Peter Pan*）中扮演彼得的故事。有个孩子说她不能当彼得，因为她不是男生；另一个孩子说她不能当彼得，因为她是个黑人。尽管如此，这个女孩子最终还是因为自己的才能得偿所愿。在这个由5位预备教师组成的小组中，每个人都读了一本不同的图画书，这些书均涉及社会不公平的话题。借此，他们讨论如何在课堂对话中插入批判性的或者是困难的话题。尽管他们都很投入，但是在讨论作品的过程中，我还是要求这些预备教师注意谁发言了、谁的发言受到了限制以及每个人在讨论中都扮演了什么角色。在对每本书的讨论临近结束时，我把全班召集到一起，让他们把自己的经验写下来。（田野笔记，2004年10月21日）

作为指导者，我在这门课上的目标是教这些未来的教师如何在自己的课堂上使用文献讨论小组。我让他们亲身参与一个这样的小组来完成这个目标。在讨论完各组内的发言模式和沉默模式以后，我们用头脑风暴的方式找出他们可能用什么方式在小学课堂上组织类似的小组。随后，我开始转向书的内容开展讨论。我问学生们，在他们将来的课堂上怎样开展讨论以及是否会讨论这本书强调的主题。读《了不起的格里斯》的那一组老师评论说，他们的讨论聚焦于性别议题，而不是我所预期的种族议题。我问他们怎么会关联到性别议题，因为我认为这本书谈论的是种族。这时候，出现了一段长长的沉默。这个小组里只有一名黑人参与者，我觉得这类关于种族议题的跨种族讨论会更加困难。为了表达这个观点并且推动讨论进程，我借鉴了自己的经验和研究，即如何在单一或混合种族的中学生中进行关于种族和废止种族歧视的讨论（Schultz，Buck，& Niesz，2000，2005）。我注意到在多种族环境中，一些主题可能是被禁止的。几个学生作了简要的回答，大部分学生保持沉默。

那天晚上的晚些时候，我收到了来自卡丽（Carrie）的邮件，她就是那个小组中唯一的黑人学生。她觉得我对于跨种族讨论的困难的概括，并不符合她的经验。她跟我解释说，她的嫂子是个白人，她们常常会在一起讨论种族和种族机制的问题，话题范围十分广泛。更进一步，她也并不觉得教师教育课或者自己今后的小学课堂是适合讨论这类问题的场所。我一下子就被这封邮件吸引了。我们在宾夕法尼亚大学开展的主要针对城市地区的教师教育课程中，每位在城市公立学校任教的教师，他们的学生大部分都是有色人种，不时都会谈论到种族和种族主义的问题。我们认为，这些预备教师尤其是来自富裕的、以白人为主的郊区的教师，需要学会处理这些主题，或者至少要有这方面的经验。这可以为他们进入一个以黑人、拉丁裔为主的城市学校作好准备，而这类课堂在我们的城市中占据了大多数。

在考虑课堂讨论问题时，我意识到不仅应该关注这群教师在讨论书本时对于种族问题的沉默。在全班讨论中出现沉默时，我可能已经或者过于快速地提供了我自己对情况的理解，而不是更近距离地等待和聆听这些预备教师们可能会说什么。在回顾这段互动过程时，我注意到在作出判断之前，我先问这个小组，随后再问整个班级，"你们为什么会认为，在这个小组中没有关于种族问题的讨论？"当他们以沉默来回应的时候，我提出了自己对于这种困难的假设。因为缺少工具来研究他们在回答我的提问时的沉默以及进一步推进讨论的进程，于是我提供了自己的分析，并且直接告诉全班。尽管在其他场合，我对种族对话的研究对于教师们来说可能是有价值的。但是，在这个例子中，我对讨论种族问题的难度的推测，并不能推动讨论进程。而且，来自学生的邮件构成了我和她之间的一种对话，并且最终形成了在接下来整个学期与班级里其他人之间的对话契机。如果没有这封邮件，关于沉默的谈话可能就被放在一边了（或者说保持沉默了）。

作为教师，我试图理解课堂上的沉默现象，这可能是整个群体的问题，也可能与个别学生相关。同样是在那一年，另一位预备教师艾莉森（Alison）很少大声说话，几乎从来不在小组讨论中发言，从不向全班大声朗读自己的作品。她可能偶尔在小范围讨论中作一点贡献，这可能每天都会发生。在学生之间一对一的简短对话中，我经常能听到她小声地嘀咕，这是另一种常态。但是，她的声音和贡献并不经常被注意到。在这个学期的一开始，班里至少有一位安静的学生。但是，参与结构是如此多样，变化也经常发生，这让大多数学生都能找到自己的参与途径和参与模式。

例如，最近一个预备教师说他感到很吃惊，自己竟然会对教师教育课有这么多口头贡献。作为一个大学生，他很少说话，担心自己不如同学们懂得多。他解释说，不同之处在于我们的教师教育课是由人数相对少的小组构成的，他们通过一系列活动来彼此了解对方，包括一起上课。于是，他开始鼓足勇气在课上发言，因为他觉得自己知道答案。这给他提供了一种安全地表达和检验自己想法的方式。

在我的教师教育课上，沉默有时候表示不投入、缺乏兴趣。在另一些时候，沉默看起来表达了一种恐惧。在大多数时候，这些预备教师是被吸引到活动当中来的，他们的声音进入到了班级共同体之中，但是到底要不要发言，他们还缺乏清晰的认定。与之不同的是，艾莉森一直沉默。我曾和她一对一地谈过话，也向整个班级表达过发言和沉默的重要性（进入讨论或者离开讨论）。我告诉他们，为了给别人的参与提供空间，另外一些人要少说话；

我向他们解释，如何学会管理自己的发言，以此来控制自己在课堂上的发言和沉默。

当艾莉森在大多数课上都保持沉默的时候，我的解决方案是要求她时不时地给我写封邮件，报告她对课堂讨论的反思。这样我就能把握她对于材料的理解和投入程度了。这个方案并没有把她带到和同学们的讨论当中去，也不能帮助我了解她为什么会选择沉默，当然她自己可能并不想讨论这个问题。然而，在一段时间以后，可能是她写的那些邮件有了效果，我注意到她更愿意经常地向大组汇报自己的观点。不是依靠惩罚，私人邮件的通信在教师和学生之间建立了一种稳固的联系，在一段时间以后可以转化为一种更大范围的参与。我没有要求艾莉森解释她为什么会更加频繁地参与。不过，我推测她通过这种一对一的互动获得了自信，在我们彼此之间建立了一种信任关系。这种邮件往来给她提供了练习以及表达自己想法的空间，让她可以用说话的方式参与课堂公共空间。

无论面对的是学龄期儿童还是大学生，教师都要经常面对沉默的班级和沉默的学生。在这样的情况下，教师有几种不同的选择。我们可以忽略这种沉默，自顾自地讲下去，正如我在第一个例子当中所做的那样：我提出自己对于沉默的解释，而不是去等待回应和试图更全面地了解学生沉默的涵义。有时候，这种反应是必要的，因为教师有讲授更多教学内容的压力。教师也可以就沉默提出问题，和学生个体或者与整个班级一起对沉默作个别分析。我们可以把对个别学生或整个班级的解决方案，变成类似我和艾莉森的那种默契。我们也可以采用这样的视角，把沉默的课堂以及沉默的个体，当成是整个课堂互动、课堂规范以及更大范围的社会政治环境的产物。教师可以在课堂上就课堂中的沉默去询问那些沉默的学生。本章要解决的问题就是，基础教育（K–12①）的教师或者大学教师怎么进行此类合作研究。

　　正如我在本书中所指出的那样，对于学生沉默或整个班级的沉默，没有唯一的意义或者唯一正确的反应。课堂沉默有多种解释、多种功能，有不同的通过沉默来教学的方法，可以通过沉默的形式在教学实践中增加机会，也可以用本书所描述的那些方式来追问沉默。我回顾了本书提出的课堂沉默的隐性涵义，并以此作为开始。对于这些涵义的理解为教师提供了一个基础，让他们在理解沉默在教和学中的角色时形成更开阔的视角，并把这些观念整合到课堂实践中去。

一、课堂中学生沉默的意义

　　在《沉默的版图》（*The Cartographies of Silence*）这首诗中，艾德里安娜·里奇（Adrienne Rich，1984，pp.232–236）写道：

> 沉默可以是一个计划
> 得到了严格的执行
> 是生活的一种蓝图
> 沉默是一种表现
> 有自己的历史、自己的形式
> 不要把沉默混同于
> 任何类型的缺席

　　本书采用了一种社会文化的视角来理解沉默。换言之，课堂沉默被认为

---

① 在美国、加拿大、澳大利亚等国家，K–12 指的是学前一年及随后的 12 年基础教育，大致对应于我国的基础教育。本书将"K–12"统一译作"基础教育"，以免不熟悉 K–12 学制的读者感到费解。——译者注

是在互动中产生的，受到特定时间、特定地域的更广泛的社会文化模式的影响。就像里奇所解释的那样，不管是通过失语还是其他的方式来实现的沉默都会出场。正因为如此，我关注的是沉默怎么在课堂中发生作用以及学生为何变得沉默（或者健谈），而不是个别的被认为沉默的学生。有时候，人们认为是学生自己选择了沉默，尽管这种选择总是迫于他们所能接触到的关于如何做学生的模式的影响（Wortham，2006），同时也是在课堂上通过口头和非口头的渠道来表达自己的那些可能性的结果。例如，沃瑟姆（pp.30–31）记录了一个名叫威廉的学生，他的沉默是可以预见的。他解释说，威廉接受了一种由教师和同学们的语言、行动所建构的社会身份。譬如，教师会说"我们不常听到威廉说话"。沃瑟姆假设，对于威廉的沉默有很多种可能的解释，而这种沉默的意义取决于班级中流行的关于在这间教室里如何当学生的模式的影响。

探索各种关于课堂沉默的解释，对于教师来说是有价值的，可以使他们对学生如何应用、为什么应用沉默获得更加开放的理解。关于课堂沉默的意义很多是相互矛盾的，这也说明了各种可能性的范围。例如，有的沉默是投入的，有的沉默是不投入的；有的沉默是建设性的，有的沉默是非建设性的。在特定的时间和场景下，有一些沉默是恰当的；沉默可能显示了极大的尊重，也可能反过来表示一种不敬，一些沉默包含沟通中内含的意义，而另一些沉默则是空洞的、没有目标的；学生们经常选择沉默，另一方面沉默也可能受到教师、同学以及学校制度的影响（Schultz，2003）。巴硕（1996）发现，沉默反映了文化习俗，与含糊不清的关系紧密相关。然而，许多人也体验过在亲密朋友间的那种放松的沉默，这说明沉默也可能伴随着亲密性。两个常见的但是相反的对沉默的理解是：沉默作为抵抗或者拒绝参与，以及沉默作为顺从或者默认。沉默可能代表一种课堂上的在场（Campano，2007；Rich，1984），也可能代表着一种缺席，让一个学生变成隐形人。沉默也包含情感，有时候学生会因为恐惧和愤怒而用沉默来参与。在另外一些时候，沉默也是对那些不可言说的喜悦或者悲伤的一种掩饰，这些情感都是课堂所不允许的。

沉默让人们有时间和空间来反省和沉思，借助沉默从对话和交往中脱离出来。在学习一门新语言或者一个新概念时，沉默可能被用来创造额外的学习时间和空间。正如本书第三章所说的那样，尽管沉默可能表示脱离学习，但同样也可以表示渴望老师和同学们提供帮助。沉默是一个承载各种痛苦回忆的容器，是保守秘密的手段。用沉默包裹自己以及用沉默来回答，这是人们在自己周围划定界限的多种方式中的其中两种。有时候，这种界限能保护学生免受嘲弄；而在另外一些时候，沉默可以保护人们不用说那些他们认为不能说的东西。学生的沉默，可能是让人担心的理由（Burbules，2004），也可能是教师要去理解的一种实践。

在学生的课堂沉默以外，教师也用沉默来传递自己的教学决策和教学实践。教师将沉默整合到教和学当中，发展出一种包含沉默的常规，但有时候也会打破沉默来鼓励更多的发言。沉默可以使教师在自己的课堂以及课程上创造更多开放性，邀请更多学生参与活动。教师会把沉默作为一种控制的形式，同时也会因为太多的沉默而感到焦虑。沉默对于课堂互动具有组织功能。有时候，这种沉默是教师的精心安排，而另外一些时候则是学生的安排。就像马蒂·戴维斯那样，教师可以用沉默来表达尊重，让学生能够掌控自己的写作和发言。

二、沉默、参与及民主实践

在课堂上，教师对于学生有一些特殊的期待。一般来说，教师希望学生保持安静，直到被点到名字后，再来参与教师的指导、教学以及同学的发言。教师希望学生用口头方式来参与课堂讨论，这可能出于各种各样的理由：展示他们已有的知识，完成书面作业、考试和小测验，向老师和同学表达尊重。这种尊重不仅仅通过说一些话来表达，也可以通过在他人说话时保持沉默来表达。尽管大多数教师在组织课堂时一般都期望学生发言和作贡献，但是他们也希望学生顺从（听话）、投入（主动）、做对班级有贡献的一分子（例如，好公民都知道自己是人群中的一分子）。"参与"这个概念，代表了所有这些活动，尽管很少被如此明确地表达过。

"参与"这个词常与民主相关。正如托尔和法恩（Torre & Fine，2006，p.269）所解释的那样，"参与处在民主和正义的核心"。民主学校和课堂的一般特征是：学生有机会对与他们的学习相关的决定作出贡献，课堂权威是共享的。通过一项为期3年的研究，我对沉默和民主实践的关系的理解更加清晰。我和同事合作完成了这项研究，研究对象是一个在种族构成上比较平衡的中学（Schultz & Davis，1996；Schultz，Buck，& Niesz，2000）。在这个项目中，我们试图理解当前学生关于种族和种族关系的概念。我们对于有关种族和种族关系的讨论的分析，表明了我们所谓的"民主对话"的重要性，或者鼓励多重视角互动的重要性（包括享有特权的视角以及被迫保持沉默的视角）（Schultz，Buck，& Niesz，2000，p.33）。我们认为民主对话包含了冲突和即席表演，而不是人人有份的平等参与。白人和黑人学生对话中的那些沉默，促使我们去探索如何进行这种对话，以及发现这些对话中的各种陷阱和机遇。

我们了解到，为了参与这类民主对话，学生和教师需要合作建构一种语言以及一系列视角，借此来识别和说明发言过程中的沉默以及权力滥用。例如，初高中教师可能会指导学生发展一些技能，用于交流对内嵌于他们对话中的那些本地的社会历史和政治背景的认识。另外，他们还可能和学生一起，形成一种对于影响学生互动的制度性假设的分析。在这样的对话中，学生个人得到鼓励去表达自己的视角，带着自己的身份进入对话（Schultz, Buck, & Niesz, 2000）。在第二章的例子中，当路易斯在高中课堂上开始关于胡佛（J. Edgar Hoover[①]）和 FBI 的讨论时，他进行了一种社会分析，对于讨论过程作出了贡献。为了让课堂讨论的机制变得更加清晰，教师可以就自己的决策开展讨论。

在教师教育课上开展课堂讨论的时候，我给那些预备教师们提供了各种机会，让他们来领导和参与文献讨论小组。我们对于这些经验的分析，包括对于课堂机制的讨论，也包含发言和沉默的各种模式。在一次这样的对话中，一个名叫沙伦（Sharon）的预备教师说，作为讨论的领导者，她提供了一个有关发言次序的清晰结构。她解释说，自己在那些更开放的参与结构中会感到不舒服，因为会有学生突然加入到讨论中来、打断别人。在集体讨论中，沙伦是一个相当安静的学生。但是，在后来的访谈中，她解释说如果知道什么时候轮到自己发言，她会感到更加自如。随后，当同学们说她在课堂上一般保持沉默的时候，沙伦说她知道自己总是扮演着一个沉默学生的角色。在这次交流以后，沙伦在课上变得更加健谈了，对于课堂共同体作出了新的贡献。尽管我不认为此类谈话是容易实现的，但是它对于建构和维系一种包容的、民主的实践而言是重要的。

本书对于"参与"的定义，超出了学校对于参与的典型理解和应用。正如我在全书中所讨论的那样，"参与"远不只是露个脸或者在对话过程中作口头贡献。沉默常常是一种参与形式。重要的是，我们要去探索一个人对于对话或者整个班级的贡献是什么，探索他是怎么参与的。如果发言冗长并且和主题之间只有微弱的联系，那么这种发言可能并不重要，还比不上那些能

---

① 美国联邦调查局（FBI）大楼，也叫 J. Edgar Hoover 大楼，是以首任局长胡佛的名字来命名的。——译者注

够影响讨论方向、说明在沉默和思考之后得到的知识和表现的简短发言或者肢体语言。建立民主实践的观念，取决于对课堂参与的重构，将其变成一种投入的参与。这种参与可以是口头的也可以是沉默的，可以通过声音的模式也可以通过视觉的模式。

安德森（Anderson，1998，p.575）解释了参与的语言与民主观念的联系，他写道：

应用杜威（Dewey，1944）的民主共同体的概念，参与式民主认为未来的民主有赖于局部社会空间的出现。在其中，人们可以学习和练习对话技巧，在必要之处对于民主公民的发展进行辩论。

从历史的角度来看，过去美国学校的一个目的就是教育知情的公民，使之能够参与我们的民主（Labaree，1997）。在一个全球化的社会中，学校必须强调这一需求以及年轻人拥有的知识，因为他们既是全球共同体的成员又是本地共同体的成员（Schultz，Vasudevan，& Throop，2007）。这提醒我们，要关注学校人口构成日益增加的复杂性，关注年轻人接触新技术和校外全球化实践的越来越丰富的体验。学校教育本质的改变，要求我们重新定义学校参与的角色。达林－哈蒙德（Darling–Hammond，1996，p.6）认为，我们需要"服务于民主的教育"（education for democracy），或者为学生成为参与的公民作准备的教育，让他们掌握下个世纪公民所需具备的技能。我们还需要"作为民主生活方式的教育"（education as democracy），或者"给学生提供社会理解的教育，通过发言、合作决策以及理解多重视角来参与到多元共同体当中去"。

聆听、研究、褒奖沉默，可能会带来一个更加热闹的、更有活力的、更多参与的课堂。在这样的课堂上也有安静的时刻，学生们可以在这里停下来思考。最重要的是，对于课堂沉默和参与的研究，可能带来这样一种课堂，在这种课堂中公平参与得到了更广泛的定义。教师可以学习聆听这样的沉默，为把沉默转译为语言或者允许学生用一种建设性的方式来使用沉默提供可能。这包括理解学生（和成人）如何以及何时选择保持沉默。理解沉默在教学中的角色，能够让我们关注和理解当前的课堂机制、重新想象未来的课堂实践。

三、以研究的立场来研究沉默

如果不理解学生在课堂上对于沉默的应用，教师就有可能错过许多参与和正在发生的学习。一种解释沉默的语言，可以让教师理解学生是怎么通过多种方式来对课堂话语作贡献的，其中包括一些非言语的方式。如果只是凭借考试中的书面回答或者学生的口头回答来判断学生的学习，那么教师就只能有限地认识到学生了解了什么，把学生纳入班级共同体的方式也受到了限制。此外，如果对于发言、沉默以及包含多模块方式在内的各种沟通方式的作用和重要性缺少明确解释，那么学生就只能借助很少的方式来参与课堂讨论以及更大范围的课堂生活了。

教师可以采用几种不同的方式，来开展关于沉默以及课堂参与本质的研究。这种研究可以聚焦于特定的事件（例如，当课堂出现明显的沉默时，全班可以一起考察）、教师关注到的某种模式（例如，在每天或每周的特定时间，学生的沉默要比发言更多；或者一群特定的学生在特定时间更倾向于沉默），抑或是更一般性的探索。需要强调的是，我并不支持那种为了消除课堂沉默，或者为了把沉默从学生的反应类型中取消掉而进行的关于沉默的研究。相反，我认为沉默与发言类似，是课堂互动的重要组成部分。教师和学生可以针对沉默去作有益的探索，对课堂规则和实践有更多了解，让它们变得更加透明。课堂是一个复杂的地方，在这里学生和教师的角色以及身份是不断变动的。认识发言和沉默的可能解释及其应用，对于发言和沉默的模式进行整体考察，能使教师对课堂条件作出反应，看到和听到更多已发生的学习。认识到发言和沉默持续、深入地交织在一起，这给教师提出了建议，即他们可以把沉默当作引起发言的条件，反过来也可以把发言当作带来沉默的条件。

每个课堂都有沉默，并且常常与发言交织在一起。沉默总是充满了意义。在课堂上，我们往往更偏爱发言，像阿马莉·科尔曼老师那样假设一个人如果不发言就没有投入学习。对于沉默在课堂中的意义的研究，揭示了在课堂上学生如何通过沉默来学习，以及是否通过沉默来学习。从被研究者或者内部人的角度出发来研究沉默，和发言联系起来看，可以说明并公开教师和学生对沉默的理解。这可以通过一种研究的方式来进行，科克伦 - 史密斯与莱特尔（Cochran–Smith & Lytle，1999，p.289）对其作了如下的定义：

作为一种立场的研究（inquiry as a stance）是理解教师在不同群体中的学习的一种概念建构，它是基于比传统的"正式知识—实践知识"的区分更丰富的一种知识概念。这是一个更加丰富的实践概念，比"实践是实际的"这句格言中的实践概念更为丰富；这是一个更丰富的跨越教师生涯整个历程的学习概念，比区分专家教师和新手教师的专业身份概念更丰富。这是一个更丰富的共同体文化和教育目的的概念，比一些影响颇广的学校改革的内涵更广。

基于以上的讨论，我建议教师和学生一起合作，用一种研究的立场对课堂沉默开展研究，理解沉默是怎样工作的，探索引起沉默和发言的条件。正如科克伦 – 史密斯与莱特尔所解释的那样，这个立场关注的不仅仅是实践，或者如何改变教师和学生的实践来应对沉默，也不仅仅是基于理论或者多元的建构来关注或理解沉默。探索沉默如何在课堂中发挥作用的一个方法，是教师和学生合作探究促成沉默和支持发言的条件。我们要时刻谨记，选择发言或者保持沉默往往既是个人的决定，也受到课堂、学校以及更大范围的当地社会政治环境的影响。

对课堂沉默采取一种研究的立场，需要我们把沉默以及发言概念化为一种有待研究的现象，而不是一种个体特征或群体特征。这一立场融合了对于实践自身以及这些实践对教师和学生的意义的探索。此外，它还包括了对于塑造当地实践的社会政治背景的考察。针对沉默采取一种研究的立场，要求对于沉默和发言之间的关系进行持续而非有限的研究；要求研究沉默怎样发挥作用，而不是强调谁在沉默。这意味着要把沉默当作教师和学生在日常的课堂互动中共同关注的一个话题。

不过，教师以一种研究的立场来处理贯穿本书的问题仍然是有用的。在诸多问题中，下面列出的这些可以指导教师围绕某一问题来进行设计，也可以作为教师探索有关课堂发言和沉默的更大项目的一个过渡：

沉默在课堂上怎么发挥作用？

课堂上的发言和沉默有什么关系？发言和沉默的比重是多少？沉默和发言怎么发生交互作用？课堂上的沉默和发言的质量如何？

个体沉默和群体沉默之间有什么关系？在什么话题上，人们会沉默？什么话题能引起人们的发言？

参与规则是什么？沉默在什么时候是群体的规则，又在什么时候是个人的决定？

各种形式的沉默表明了何种类型的参与？

课堂沉默有什么功能和理解？

教师和学生在课堂上如何应用沉默？在课堂上，谁发言，谁保持沉默？这种情况有什么变化？什么时候会出现沉默？什么时候沉默是被迫的，什么时候学生是被期待发言的？什么时候沉默是可以被接受的（甚至是希望如此），什么时候沉默是不被允许的？发言和沉默的关系是什么？例如，在一天的特定时段内，是不是有更多的时间被分配给了沉默或者发言？

沉默与课堂权力是怎么联系起来的？谁控制了沉默？谁控制了发言？沉默和发言是不是被用于对权力的一种宣示，抑或者是用来要求空间？

教师和学生对于沉默有何种类型的理解和解释？沉默表示什么？

对于学生沉默有哪些可能的反应？

教师在什么时候对个别学生的沉默表达质疑，什么时候支持学生通过沉默来参与？教师如何区分投入的沉默和非投入的沉默？

在课堂的口头互动中，个人对于群体有多大责任？什么时候教师应该接受沉默，什么时候教师应该创造条件来促进发言？这样学生就可以成为公开话语中的一部分了。

作为一种参与形式，什么时候沉默是可以接受的（或者是必须的），什么时候这些沉默妨碍了学习（包括个人的和群体的）？沉默在什么时候能促进学习，什么时候沉默是表示逃避学习或者不参与学习？

这个清单是建议性的，并未穷尽。在课堂上，教师不可能和学生一起探究所有这些问题。至于研究哪个问题，要视学生的年龄、教师和学生的兴趣、沉默在特定课堂中的作用方式以及课堂沉默的透明度而定。对教师来说，有时候用一个令人头疼的问题来作为起点是有用的。这个问题是教师在自己的课堂实践中发现的，与他们在课堂中认定的问题或者挑战有密切联系。例如，大多数教师都会担心学生的投入程度，这往往与课堂参与联系在一起，并且仅仅关注口头贡献。其中内含的问题有：在日常的具体活动中，谁参与或者投入了学习？谁不投入？为什么不投入？缺乏参与意味着什么（有的时候就表现为沉默）？这些简单、常见的问题，可以引发一些更有影响力的研究计划，或者由教师和学生来实施的与他们的背景直接关联且常常导致课堂环境改变的行动研究计划。教师和学生往往从自己学校经验中发现的问题出发，例如沉默和发言是怎么同时发挥作用的？这些问题代表了对于课堂沉默和参与的持续研究的起点。不是去假设发言在课堂上占有首要地位，而是从研究的立场出发来考察沉默和发言，把沉默应用于教和学中去，使之成为一个需要进行持续研究和质疑的课题。

这种研究的立场告诉我们，提出问题和识别模式完全可以被整合到日常对话以及课堂互动的模式当中去。例如，如果在讨论中或在讨论之后有明显的沉默，那么教师就可以习惯性地问一问全班同学，"在这次讨论中，你们注意到了什么？"教师可以要求学生写下他们在讨论中的参与以及各自的角色，以此作为开始。重要的是，学生（以及教师）需要明白，有些对话可能会让人感到不舒服，而有时候这些不舒服是引发学习的必要条件。要求学生反思自己在讨论以及教和学当中的角色，强调了教师对于投入的参与的期待。

正如科克伦－史密斯与莱特尔所解释的那样，采用研究的立场意味着把自己与背景联系起来，并且采取一种特殊的视角。这包括接受一种无知或者不确定的状态，以及对于学习和研究的认同。我认为，当教师邀请学生对于沉默和发言在参与中的角色也采用一种研究的立场时，他们就开启了一种对话，来探讨沉默的意义以及沉默和发言在课堂中发挥的作用。这可以引起一场持续的对话，来讨论教和学是怎样发生的、参与的本质以及怎样给新的声音、新的故事、新的视角留出机会。除了要对沉默和发言融入日常对话采取一种开放的立场，还有一些工具可以供教师来研究自己课堂中的沉默。

四、理解学生沉默的工具

研究课堂沉默最重要的方法是仔细聆听和观察互动过程，以识别其中的模式。在这些策略之外，我介绍了一些新工具，可以用来揭示沉默和发言在课堂中的意义、功能和应用。尽管对个别教师或者教师群体来说这可能是一个专门的项目，但我仍鼓励教师在条件许可的时候与自己的学生合作，调查和研究自己课堂中的沉默。教师常感到没有时间从事研究工作，这一方面是因为预定课程，另一方面也是因为教师的时间被来自各方的要求填满了。这些要求可能来自父母、管理者，也可能来自儿童自身。和同事们组成一个研究小组来研究自己的实践，是此类工作的一个重要的支持因素。

开展课堂讨论

师生可以利用教学中的一些场合来研究沉默与发言。例如，拉姆斯（Rymes，2008，pp. 274–275）报告中的下面这段对话发生在一次二年级的阅读课上，讨论的内容是一本图画书。

> 萨莉（指着书上的一张图片）：他们是白人，而其他的人都是黑人。
>
> 教师：哦，就是说她的朋友是白人，而图上其他的人都是黑人，是吗？
>
> 丹尼：嘿，你不是要说那个吧？
>
> 教师：那有什么问题呢？
>
> 丹尼：没什么。（丹尼摇头）
>
> 萨莉：没什么。
>
> 教师：这有什么不对劲的地方吗？
>
> 学生们：没有。（萨莉摇头）
>
> 教师：不，我可不这么想。

尽管这间教室里的孩子都很年幼，但是只要有练习的机会和工具，教师还是可以利用这个场景来研究丹尼一开始的回应（"嘿，你不是要说那个吧？"）是什么意思。正是这句话，结束了在这些学生中进行的有关种族身份的讨论，使沉默取代了发言。值得注意的是，丹尼是这群白人孩子中唯一的非裔美国男孩。他的老师也是白人。教师可能觉得稍后再回到这个话题会更自然，而不是现在就来讨论它。对这位教师来说，其他的做法也是有效的，比如换个时间再邀请丹尼来讨论他为什么要回避关于种族的话题，研究丹尼为什么会觉得在阅读小组或者在学校内不适合讨论种族问题。可能是父母告诉他不要在学校里谈论种族问题。为了不让丹尼变成大家关注的焦点，教师可以在随后的某个时间和全班一起研究学生们为什么会在这个问题上很快变得沉默。教师可以问这样一些问题：关于这本书我们讨论了哪些问题？我们避免讨论了哪些问题？你们为什么会觉得我们在回避这些话题？如果你们来讨论这些话题，会说什么？教师可以通过问丹尼这样一些问题来开启一场对话，至少是简短的对话："你的话是什么意思？还有其他的什么话题是我们不应该讨论的？你觉得什么时间适合讨论这些话题？"教师可以鼓励全班参与讨论，这样丹尼就不是大家关注的焦点了，并要确保在丹尼想说话的时候就有说话的机会。在研究小组内或者与自己的同事们开展讨论，可以让教师在提出这些问题时感觉更加自然，并且能够扩展这些讨论。

类似的问题也可以在高中和大学课堂上进行讨论。例如，在我所在的城区教师教育课上，一些预备教师常常会对那些低收入、低教育水平的家长们作一些贬低性的评论。最近，在我的一个同事的课堂上，有个学生说："因为学生所在的家庭中父母没有能力辅导孩子的学习，也不关心孩子的学习，所以我们要用到这样的练习。"当我听到这类评论的时候，我总是要斟酌一下要不要去打断这个学生的发言。我要考虑哪一个的风险更大——是结束这场讨论以及这个学生的参与，还是纵容这种刻板的评论？我常常会这样回应："我从来没有见过哪个父母不想自己的孩子好。"这样的回应划定了一个范围，规定了如何基于我的视角来讨论儿童，而不是去回应和处理包含在陈述中的那些假设。在维持讨论持续进行和解读一个表达的重要性之间，我需要作出权衡，随后我就可以更综合地应对这些问题了。我每次的决定都不尽相同。

对于各个年龄段的学生和他们的教师来说，有机会进行可能引发沉默的谈话是很重要的。更早先的例子说明，对于教年幼儿童的教师们来说，准备好回应问题以及回应学生对难解的或者可能存在冲突的话题的评论是重要的。这同样也适用于高中教师和大学教师。如果丹尼的班级从来没有机会进行关于种族和种族主义以及其他复杂议题的讨论，那么他们要想参与这样的讨论、教师要想发起这样的话题就太困难了。重要的是，不要把某种身份类型中的一个个体，放在为自己的群体发声或者教育别人的位置上。对于发言和沉默的研究，我建议教师们关注谁发言、谁沉默。此外，对于教师来说，值得考虑的是认识到何种对话是可接受的，以及在什么条件下允许学生通过发言和沉默来参与。

教师有几种方式来开展关于课堂沉默的讨论。正如本章一开始所建议的那样，教师可以选择开展全班范围的关于沉默的讨论，以此来建立课堂规则或者对特定的课堂情境作出反应，譬如有个别学生或一群学生总是沉默（或者发言）的时候。作为一种选择，教师可以通过口头或书面对话的方式来开展与个别学生的讨论，类似于我和艾莉森之间的电子邮件通信那样。对于沉默，无论是群体讨论还是个别讨论，都可以采用几种不同的方式。这些方式总体上要根据学生的背景、学年段以及卷入这场讨论的学生和教师来定。尽管有的教师和学生可能只想搞一次头脑风暴，看看课堂沉默是什么样的以及感受如何，但是另外一些人可能会选择用一些更具体的、学生更容易掌握的行动来开始。例如，教师可能以某次课堂沉默的发生为开始。这可以是真实的也可以是想象的场景。教师可以要求学生去描述一个沉默的场景，写一写这看起来、听起来是什么样的以及感受如何。这就可以引发关于参与的讨论，以及在沉默中或者通过沉默来参与是什么样子，即从发生课堂沉默的那一刻开始就强调沉默的社会本质，而不是把沉默完全与特定的个体联系起来。

另一方面，教师也可以要求学生写一写或者画一画某个常常沉默的学生，以此作为一系列讨论的前奏。这个画像可以是想象的，也可以是基于某一个真实存在的学生个体。对于教师来说，给作业建立类似的清晰边界是很重要的。例如，对教师来说，很重要的一点是要说清楚这个画像不能是这间教室里的某个人，以便为开放的谈话创造一种足够安全的环境。随后，教师可以要求学生回答一些简单的问题，譬如人们在什么时候、为了什么理由保持沉默？反过来，人们在什么时候、为了什么理由变得健谈？对那些已出版的沉默形象或者个人传记（或者自传）的解读，可以用来作为这些问题的开始，例如汤亭亭的《女勇士》。教师也可以用描写了沉默的电影或者电视短片，来推动对课堂机制的讨论。通过这类活动可以得到关于课堂沉默的一系列认识，譬如课堂沉默看起来是什么样的、学生怎么使用沉默，以及什么事情、什么活动有可能引起个别学生（或者一群学生）的沉默。教师可以根据对学生在班级共同体中如何采取沉默的理解，帮助学生组织这种讨论。根据本书所讨论的一些关于沉默的理解，教师可以帮助学生发展他们自己的观念。

和学生一起进行这样公开的探究，其目标之一是建立课堂参与的边界，让发言与沉默的标准变得清晰、明确。为了建设民主课堂，教师需要让自己对学生的期待变得透明，并且能够被全体学生理解。这可以从教师对自身所持假设的探讨开始，这些假设涉及学习如何发生、在哪里发生，以及用什么方式可以证明学生已经获得了知识。此外，检验谁作出了这些决定，也很重要。例如，教师可以自问，学生能不能在课堂上通过沉默来参与？如果可以的话，这种参与看起来会是怎样的？什么时候可能发生？在学生们描述了一个沉默事件或者画出了一个沉默的学生以后，教师就可以着手收集他们关于沉默的想法，下一步就是把这个讨论与实际的课堂联系起来。这个活动不是要把那些选择沉默的学生单独挑出来，而是引发教师围绕对课堂发言和沉默的期待展开讨论：

教师相信学习体现在发言之中吗？课堂中有没有一些方式显示通过沉默来实现的投入和参与？

在这个课堂共同体中，学习和投入怎样才能在教师和其他人面前变得可见？关于学生带到课堂上来的沉默，有哪些假设？

这些假设从哪里来？

教师的假设是什么？

一旦关于特定课堂的沉默和对沉默的应用的看法被列举出来，参与者就可以着手处理下列问题：

教师和学生是怎么适应沉默的？什么标准可以支持沉默的互动？

在课堂中，沉默和发言是什么关系？

教师怎样才能把沉默整合到这些讨论中去？

可以用什么方式来替代发言，为学生提供进入课堂讨论的新入口？

如何理解沉默是课堂互动的产物，而不是某种个体特征？

对于沉默的具体描述，可以作为这类讨论的一个好的开始。这些讨论可能发生在教师和学生之间，也可能发生在学生群体内部；可以放在学年的一开始，也可以贯穿整个学年。这些讨论使人们对于参与的理解以及参与的机会，都成为一种持续的协商和再协商的过程。

分析课堂对话记录

对于发言和沉默如何在课堂上发挥作用的分析，最好是与真实的例子联系起来，而不用虚构的例子。例如，对话可以用笔记录下来，或者通过音频、视频设备记录下来。尽管这对于教师来说很难办，但是如果课堂上有预备教师或者教学助手、研究小组的其他同事的支持的话，这个任务看起来就容易多了。拉姆斯为教师记录、转录和分析自己的课堂对话提供了清晰的指导。我鼓励教师把学生也包括进来，一起了解教师收集的转录数据，这将是一种特殊的理解发言和沉默如何在课堂上发挥作用的视角。

例如，在一份发言转录稿中，教师或学生决定了对话中的参与本质。这包括对谁发言、谁沉默的观察。他们一起检查学生有没有沉默，怎么通过沉默来参与以及这样的参与是怎样的。沉默的时段可以通过数秒的方式来记录。课堂发言转录稿也可以为理解课堂话语以及沉默的角色提供建设性意见。两者相结合，教师和学生就可以识别发言和沉默的模式，对为什么会有沉默以及沉默背后的意义进行提问：

是否存在一种可以预测的发言和沉默的模式？

有没有一些特定类型的问题或者主题会造成沉默？同样，哪些会引起发言？

有没有一些人在发言之后，总是伴随着沉默或者其他的发言？

第三章提供的转录稿，是这类对话中使用转录稿的一个很好的好例子。（附录包含这个事件的完整转录稿）

转录稿允许我们近距离观察发言和沉默的模式。对课堂进行录像，然后与学生一起来研究，也是一种有用的方式。这可以和年幼的学生一起来做，也可以和年纪更大的学生一起来做。学生可以和教师一起观看课堂互动的录像，以此来促成关于课堂发言和沉默的对话。教师可以通过以下开放性的问题，引发师生关于课堂机制的对话：你注意到了什么？或者，这会儿发生了什么？在学生学会了如何去注意、聆听和观看互动过程的时候，问题就可以加以提炼了。为了培养必要的语言和观察能力，需要经过一些练习。一开始，学生之间的此类谈话需要教师提供支架。经过练习之后，各个年龄段的学生都可以用一种民族志的眼光来理解课堂上发生了什么。例如，教育民族志的研究关注的是群体成员需要知道、做、预测以及解释什么，只有这样这些成员才能参与所在社会群体或社区的日常生活，包括课堂和学校（Heath，1982）。这些基本的民族志问题，可以帮助教师和学生发现课堂中习以为常的互动模式，让那些此前隐藏的行为规范显现出来。

教师和学生也可以通过识别发言模式，来标记录像中谁在发言、谁在沉默。例如，卡兹登（Cazden，2001；Rymes，2008）建议用简化的标记"T"和"S"来表示"教师"和"学生"（用 S1、S2 等表示不同的学生），以此来表示发言的转换以及说明谁在主导课堂话语。例如，在一个教师主导的课堂中，记录可能是这样的：

TTTTTTS1TTS2TTS3TTTTTTTT

与此不同，对于类似第三章所描述的"作者席"那样的学生主导的活动的记录，则可能是这样的：

TS1TS2S3S3S4S4S3S3S5S6S3S3

这两种互动模式的差别是显而易见的。这些符号仅仅记录了发言的模式。我们还可以通过进一步的研究，判断在一段时间内谁在发言、谁在沉默，以及通过教师和学生的沉默判断发生了什么类型的参与。更精准的分析可以在发言之外加方括号，以表明沉默的参与，例如：

T[S1] [T] [S1]T[T] [S1]S2T[S1]S3

让发言和沉默的模式可视化，这让进一步的讨论成为可能。

重现课堂互动的场景

拉姆斯（Rymes，2008；Rymes，Cahnmann–Taylor, & Souto–Manning，

2008）记录了使用博尔（Boal，2000，2002）开发出来的技术与教师一起理解课堂生活的各种视角的可能性。这种方法可以把观众吸收到表演中去，打破了演员和观众或听众之间的人为障碍（把观众或听众重新定义为"旁观的表演者"，即 spectACTor），用新的参与者来重演或者改变压迫的场景。拉姆斯建议用这项技术与教师和学生们一起工作，邀请他们在转录课堂对话的工作中扮演不同的角色，以便对所发生的事件获得新的视角或者理解。这项技术对于重现那些令人不安的课堂场景，显得特别有效（Rymes，2008；Rymes，Cahnmann–Taylor，& Souto–Manning，2008）。

例如，拉姆斯认为，如果出现僵局，就可以由一组教师一起来进行场景重现。同样的，教师也可以去记录和转录学生之间的紧张互动，要求学生通过扮演自己同学的角色去理解不同的观点，克服理解上的困难。教师和学生可以一起应用类似的技术，观察课堂上的发言和沉默。扮演新的课堂角色，例如改做一个更健谈或者更沉默的学生，或者调换教师和学生的角色，这些都可以让参与者对自己的课堂角色有更好的理解。正如拉姆斯（p.345）所解释的：

我无法预测学生在重现一个场景时可能会用到什么资源。不过，我可以保证的是，重新审视这个场景是扩展对话的一个有效方法。重新经历一遍这样的场景，对于学生和教师来说都可能是一种解放。而且，在尝试过更多的可能性以后，学生和教师就可能在课堂或者在这个世界上尝试新的发言、聆听以及行动。因为在重新做过之后，随之而来的就是改变。

民主对话包括理解和多元视角，包括追踪课堂互动中的权力运作方式。这为扮演不同的角色、为新的对话以及把沉默理解为参与提供了可能。在这个过程中使用转录稿，使活动与实际的课堂实践密切联系起来，同时也使学生彼此之间尽量少地刻板化或者相互取笑。在涉及发言和沉默的问题上，这个活动的要点是对发言和沉默构成的课堂参与建立多种理解。通过体验不同的课堂生存或参与方式，这类活动建立了对于课堂参与的理解。

提供发言和沉默的机会

尽管本章强调的是对发言和沉默的合作探究以及质询，但是教师也有机会独自对课堂沉默进行探究。在第二章，我描述了几位对沉默的学生作耐心回应的教师，他们允许学生个体获得时间和空间来决定在什么时候以及用什么方式发言或为对话作贡献。在这些例子中，学生只有在有一些重要的东西要说的时候才会开始发言。这提醒教师：自己是不是经常给学生提供机会，允许他们在学校里说真话？我们没有什么工具或者技术提供给教师，来了解允许学生整月整月地保持沉默需要多么大的耐心。同时，教师们也要意识到，什么时候学生的沉默没有对课堂学习共同体作出贡献。如果沉默也是一种参与形式、可以引起其他方式的投入或者参与，那么教师就要小心不要让学生主动选择不投入学习，同时又要支持他们继续保持沉默。

有时候，那些常常沉默的学生可以通过其他方式对课堂讨论作出贡献，譬如阿马莉·科尔曼老师的五年级课堂上的多模块故事这样的活动。作为教师，我们要问一问自己，是否常常给学生提供发言和行动的机会，让他们可以处理他们觉得重要或者与他们的生活息息相关的主题？我们有没有给他们提供不同的表达方式？另外，与那些在课堂上保持沉默，并且给自己冠以沉默角色的学生相比，总有些学生真的在学习，而且是用"唧唧喳喳"这种一点儿也不安静的方式。换言之，不论是发言还是沉默，都不能保证参与或者不参与。

五、借助课程革新来反思参与

教师有不同的方式为那些用沉默来参与的学生创造空间，包括在课堂上引入流行文化、"青年参与的行动研究"，或者给青年人提供机会对社区问题进行研究以及作出回应、把社区知识纳入课程、把校外艺术组织的知识整合到学校课程中来。以下这些只是示例，并未穷尽。它们描述了通过增加学生校内外的参与，来应对学生沉默的课程革新。重要的是，这些课程实践中的每一项都说明了如何把课程内容和教学实践结合在一起并进行调适，从而把学生的兴趣和知识应用在课堂上，这反映了处理学生沉默的多种可能性。总括来看，它们提出了新的参与的可能性，重新思考了沉默在课堂学习中的意义。

流行文化与教室里的课程

科尔曼老师经常利用流行文化来吸引学生的注意，让类似语法这样的教学主题变得更加有趣。教师可以把流行文化和新媒体作为新的手段，为学生提供建构知识或者进入课程的新途径。在以青年为对象的流行文化和媒体与更正式的学校课程之间搭建联系，增加了学生投入学习的可能性（Schultz & Throop，出版中）。例如，正如戴森（Dyson，2003）所阐释的，年轻人的知识、精通的东西以及对流行文化的使用，可以重塑学校的官方课程以及写作教学。通过这些来自流行文化的吸引人的图像和理念，包括引入那些学生们熟悉的角色和情节，戴森说明了年轻人是怎么通过写作、谈话和游戏来改变学校课程的。当教师允许学生把流行文化带到写作中来以后，学习和写作的本质也发生了改变。流行文化可以为学生提供一种投入学校课程的途径，消除校内外之间的各种隔膜（Hull & Schultz，2002）。我们在第四章介绍的多模块故事课程设计，让年轻人有机会把家庭知识带到学校中来，接受在校外生产和收集的文本以外的知识。把家庭和学校隔离，往往强化了沉默，强调了在学校里什么可以说、什么不可以说，什么可以写、什么不可以写。把流行文化引入课堂的时候，这种隔离就模糊了，教师也提供了额外的学习资源和机会。

"青年参与的行动研究"

最近，人们对于"青年参与的行动研究"（Youth Participatory Action Research，YPAR）有浓厚的兴趣。这种课程方法邀请年轻人来研究那些影响他们生活的社会问题，并且设计各种回应和解决问题的方案（Cammarota & Fine，2008；McIntyre，2000）。在 YPAR 中，年轻人研究问题，调查权力和压迫发生作用的方式，并且通过批判性的研究和行动对各种不正义的条件作出回应并进行挑战。正如法恩和她的同事们（Fine，Torre，Burns，& Payne，2007，p.808）所解释的那样，通过把研究和行动结合在一起（Freire，1970），YPAR 可以让年轻人"超越沉默，向世界发出宣告"。例如，法恩和她的同事们描述了他们的"布朗[①]的回响"项目（Fine，Roberts，& Torre，2004）。在这个项目中，他们把艺术表演与研究结合起来，把不同背

---

① "布朗"（Brown）指的是 1951 年美国的"布朗诉教委案"。这里的"教委"是被告方，指的是美国堪萨斯州托皮卡市教委。这里的原告是托皮卡市的 13 位家长，他们代表自己的 20 个孩子提出诉讼，控告当地教委，要求学区改变种族隔离政策。之所以叫作"布朗案"，是因为这个讼案是根据其中一位家长"Oliver L. Brown"的名字来命名的。布朗的女儿琳达（Linda）当时上三年级，因为公立学校的种族隔离政策，她只能去离家更远的黑人小学上学，而不能去离家更近的白人小学。布朗和另外一批家长，希望自己的孩子能上更近的小学。于是，他提起诉讼，控告当地教委。以布朗案为代表的一系列讼案，最终促成美国联邦最高法院在 1954 年的一个里程碑式的判例，判决公立学校中的种族隔离政策有违宪法，认为"隔离但是公平"的政策行不通。布朗案是美国民权运动中的一个标志性的胜利。——译者注

景的年轻人和成年人聚集起来，一同去分析他们所谓的"机会鸿沟"这种社会不正义现象。这个项目让年轻人可以把个人努力和历史斗争结合起来，研究他们认识到的重要议题，并且通过各种公开的方式来公布他们的发现。借助这些公开表达，教师可以评价学生的学习。更重要的是，这些公开表达也成为教育他人的一种行动。以下这个片段，说明了该项目中的对话和学习的类型。尽管这些都发生在学校以外，但是这项工作的许多方面都可以被整合到课堂研究项目当中去。

在"布朗的回响"项目中，年轻人和成年人集中到一起，聆听一些有关民权议题的专家讲话。在经过对废除种族歧视，尤其是对于专门的酷儿学校的需求的热烈讨论之后，一个男青年第一次在小组里发言了，内容是他所经历过的由于被隔离并被标签化为有特殊教育需求的学生而带来的痛苦："这就是我为什么要说（在我的诗歌中）沉默充满了痛苦，因为坦率地说，没有人，从来没有人会谈论这个。这正是伤害我们的地方。"他继续说，作为这个项目的结果之一，他学会了自己说出来，这样自己才能够成为一个积极分子。他解释说，通过一种诗一般的语言，他可以作出证言并且为自己以及上百万被标记为"有特殊教育需求"的学生们代言。（Torre & Fine *et al.*, 2008）

"青年参与的行动研究"是一种教学实践，它为年轻人提供机会去参与学习，把校内外的行动直接联系起来。与多模块故事类似，这个过程开启了参与的可能性。这些参与的可能性，对于一部分学生来说常常是得不到的，而这种机会可以让他们把沉默转化为公开的表达。在学校里，有些教师找到了把这项研究与行动、与官方的社会研究议题或者社区服务的要求结合起来的方法。他们给年轻人提供了工具，让他们去研究和说出那些直接影响他们生活的议题，为采用一种公开的立场提供了可信的理由。这些教师的工作反映了已经发生的值得关注的学习，并且把沉默的经验转化为发言和行动。

社区的知识储备

在另外一项对教和学采取研究立场的例子中，冈萨雷斯、莫尔和阿曼蒂（González，Moll，& Amanti，2005）描述了他们针对社区"知识"开展的工作。他们在一个墨西哥裔美国人的社区中联系学校和社区，说明教师应该如何利用家长和社区成员的专长来设计课程（Moll，1992；Moll & Greenberg，1990）。通过一系列民族志访谈和观察，教师们了解了学生日常的家庭生活。正如冈萨雷斯、莫尔和阿曼蒂（González，Moll，& Amanti，2005，p.18）所解释的：

> 知识储备是通过家庭的社会史和劳动史发展出来的，并通过那些构成家庭生活本身的活动传递给别人，包括通过社会网络的建构来传递给别人，这是各自的特定环境中的家庭事务的核心。

通过对家庭进行访问，参加该项目的教师发现，在家庭中儿童是积极的参与者，他们并不像在学校中常常表现出来的那样消极和沉默。与学校里的那种容易打发的角色相比，年轻人往往要求积极参与到自己的家庭事务当中去。两位教师观察到一个男孩在附近卖墨西哥糖，于是他们利用这件事制订了一个整合课程计划。这个课程计划以这个学生提出来的问题作为开始，最终把科学、数学、社会研究和语言艺术都包含了进去。孩子的父母和社区成员被邀请到教室中来，分享他们的专长（Strieb，完成中）。在应用社区知识的课堂中，家庭和学校之间的人为边界被打破了，这样学生就可以利用来自不同背景的知识，在各种环境中学习。这个方向上的课程改革，可以改变学生参与的机会。学生的家庭和社区知识，可以让教师基于他们带到学校里来的知识去改变课程的结构和内容。

在宾夕法尼亚大学我的教师教育课上，新教师们在暑期课程中通过对学校周边街区的研究，接触到了这种情况。这些预备教师从秋天开始就会在这里工作。利用在社区参观、访问、观察时收集到的知识，新教师们找到了社区的知识储备和发展走向，并随后将它们整合到社会研究科的课程单元中去。为了弥补预备教师常常出现的视角缺失问题，该课程的教师要求这些未来的教师了解家庭、社区和学生自身的资源、优点以及力量（Buck & Skilton–Sylvester，2005）。通过这项作业以及整个教师教育课程，这批预备教师学会了要深入聆听自己的学生。正如我所解释的（p.13）：

"听过才会教"这个短语的潜台词是，谁是学习者的知识以及教师和学生双方的理解，构成了教学的起点。聆听的对象包括写出来的文字、说出来的话以及窃窃私语的内容、用身体姿态表达的东西以及仍然没有被表达出来的意思。"聆听"是一个主动的过程，让我们得以维持或者跨越各种边界。

学会教是一个复杂的过程。在宾大的课程上，教师教育的一部分工作是帮助新手教师，让他们学会如何向自己的学生学习。这样，他们的教学和课程就可能接纳和回应学生的文化知识以及学术、社会能力与需求（Ball & Cohen，1999；Schultz，Jones–Walker，& Chikkatur，2008）。

艺术组织

基于一项对社区艺术组织的研究，希斯（Heath，1998）记录了一个发生在参与式项目中的协作教学和协作学习，学生们在其中使用了自己已有的知识和策略。希斯解释说，基于艺术的课程或者项目，允许一种新的话语出现，这有助于发展学生的解释能力，而这正是学习的一个关键方面。例如，当学生合作来编写剧本、设计和绘制布景或者编曲的时候，他们都获得了新的机会来参与和学习，而不仅仅是基于口头贡献或者口头的方式（Heath，

2000）。希斯把学校设想为一种包括各类学习环境的整合系统，或者是一个儿童学习网络的"结点"，拥有博物馆、游乐场、图书馆以及其他全年、全日开放的机构。正如她所解释的，"学习环境的生态是人们关注的核心，但不只是学校。用这种方式，社会成员可以把年轻人设想为学习者以及他人的学习资源，而不只是消极的学生（Heath，2000，p.128）"。该项目中的那些校内外的实例是有用的，可以帮我们重新构想课堂互动，接纳更多的学生、获得更宽泛的课堂参与策略。教师可以尝试新的课程设计，也可以寻找方法反思自己对于沉默和参与的实践与理解。

六、对学生沉默作出反应

上述这些项目为我们提供了一些吸引学生参与和学习的方法。此外，这些项目也给学生提供了额外的时间来决定是否参与，让教师可以去判断那些沉默的学生的投入程度。教师可能需要学会解读沉默，或者理解沉默如何在课堂环境下发生作用。这就是加拉斯（1998）对她的那班学生所做的事情，他们在一年的大部分时间里都保持沉默，直到自己有什么重要的故事要告诉别人时，这个案例在第二章已经作了陈述。对一些学生来说，保持沉默可能很必要；对他们的老师来说，与这部分学生一起去接纳这种形式的课堂参与也很必要。

同样是在第二章，我详细描述了坎帕诺（Campano，2007）是怎样在上课前以及午餐期间为学生发言创造一个单独的、非正式的空间的。通过改变参与结构，他创造了一个所谓的"第二课堂"。在这个课堂上，一个通常沉默的学生可以更自如地在课堂上发言，写出自己的生命故事。如果有一个以上的学生在课上表现出沉默，教师就可以考虑这种做法的一些变体。改变参与结构使之包括个别写作、小组学习以及配对学习（有时候称为"思考、配对、分享"），这些办法会吸引更多学生在课堂讨论时作口头参与。这在创造一些无论是教师主导（Campano，2007）还是学生主导的非正式空间上，都很管用。这些空间可以围绕以下活动来建立，诸如讲故事、研究、基于学生深厚兴趣的行动者计划、第四章所描述的各种方式的探究以及非正式的谈话。要点不是用发言来替代沉默，而是给学生提供各种参与的途径，这既可以通过沉默又可以通过发言来实现。重要的是，通过与学生密切联系来开展工作、探究和思考，我们就可以从他们那里了解到如何创造发言和沉默的空间和时间，从而得到更加民主、更具参与性的课堂。

教师也可能会以一种一对一交互作用的方式，直接和沉默学生本人一起来处理沉默的问题，就像我与艾莉森同学所做的那样，这种做法在一开始并不包含别的学生。如果课堂上有持续沉默的学生，教师就可以利用本书的研究和发现，问一问自己下面这些问题。首先，我建议教师面向整个课堂，联系沉默的具体背景，把沉默放到课堂对话的社会文化模式之下：

引起这个学生沉默、支持其他学生发言的条件是什么？

这个学生的沉默，对于课堂整体来说有什么潜在的作用？对她自己呢？"沉默的学生"与其他的角色有什么联系，例如"顺从的学生"或者"不满的学生"？

一个通常保持沉默的学生，还会有什么其他的角色和身份？这需要满足什么条件？

这些角色和身份是怎么通过作为一个整体的班级共同体建构出来的？

通过这一身份，学生们获得了什么？其中有什么不利的影响？

学生们还会获得哪些身份？这些身份是怎样相互作用的？

更具体的，教师既可以问自己又可以问学生、什么样的沉默或者何种类型的沉默是学生课堂参与的特征？例如，这是一种投入的沉默，抑或是一种不投入的沉默？如果学生是投入的，但又不是以一种可以听见的方式，那么她对课堂话语的贡献是采用了可见的方式吗？

　　如果学生是因为不投入而沉默，那么教师就要检查自己的教学和课堂机制，设法吸引学生发言、参与到课堂讨论当中来。这包括检查自己的教学实践以及课程内容。除了关注自身的教学实践，教师还可以与沉默的学生一起探讨如何吸引她投入课堂，寻找让课程内容变得有意义的办法，研究这个学生可能在课堂上扮演什么角色。如果学生是投入且沉默的，教师只需要找到办法来让这个学生与教师保持联系就可以了。这种联系可以通过其他方式来实现，而不仅仅是进行口头参与，例如做书面记录、与教师见面进行个别谈话、定期与同学谈话或者用别的方式来表达观念。学生借助沉默对课堂所作的贡献，可以与课堂上更大范围的社会交往联系起来去理解。

　　与其关心学生为什么沉默，教师不如设法吸引学生加入对话，可以围绕这样一些问题：你认为自己是怎么实现用沉默的方式来加入课堂的？如果让你用更多口头的方式来参与课堂，需要什么条件？有时候，直接向个别学生提出这样的问题，可能并不是好办法，因为这样的对话可能是威胁性的或者会让人感到不舒服，从而进一步使状况恶化。教师需要先评估自己和学生之间的关系，再来决定有没有足够的信任来开展这样的对话。与其去判断学生是不是缺少口头参与，教师和学生不如联系全班来理解参与的本质。有时候，这可能引起全班性的讨论。这些反思性的问题与民主实践、融合课堂等观念都有直接的联系。

　　教师也可以就自己的教学提出问题，看看自己的教学实践是否允许一些学生通过发言来参与，而让另外一些学生通过沉默来参与。如果有个别学生或者学生群体习惯了沉默，教师可以自问有没有办法改变自身的实践，用各种方法来吸引这部分学生加入课堂讨论。例如，我在自己的大学课堂上试着预留一段时间，这样每个学生都可以对课堂讨论作出贡献。我希望给每个人说话的时间和空间，这可以鼓励那些在其他情况下不乐意用大声说话的方式来参与的人，为他们以发言的方式加入讨论提供所需的练习和勇气。例如，我有时会要求每个学生用一句话来对一个与特定课题内容有关的主题作回应。我会要求学生用一句话来回答，针对的内容可以是一本书、一篇文章或者他们自己的作品。我也会要求学生大声读出书中的某一行字、从他们自己的作品中引用的一句话，或者对他们来说印象深刻的课程材料。另外一个例子是，在引入一个"写儿童自己的书"的课程设计之前，我要求学生描述自童年时代起他们就喜欢的书。在这些特殊的参与结构中，我们会轮流参与，期待每个人都能贡献只言片语或者几句话，不做你来我往式的讨论，这样每个人都获得了说话的机会。有时候，我要求学生在讨论之前先写下来，这样他们就有机会积累自己的想法、组织自己的语言。在课堂上，我几乎总会参与对话。我的目标是让每个人都能用不同的方式参与到课堂中来。对沉默是如何对班级共同体作出实质贡献的理解，扩展了我的观念，确保每个学生都可以通过多种方式而不仅仅是发言来参与课堂。

有一年我注意到，在我的小学识字教学法课上，有一小撮学生掌控了大部分发言。每当我提问，总是那么 6 个人举手回答。与此同时，还有大约 6 个学生总是沉默，很少对集体讨论作出贡献。尽管我对他们的沉默本身并不感到担忧，但我还是希望确认他们是不是积极投入到了课堂内容上来。让我焦虑的是，那些有色人种的学生比白人学生要更沉默。我准备和全班讲讲话。不过，一开始我打算先和那些更健谈的学生以及那些更沉默的学生作个别谈话。我要求那些健谈的学生在开始说话之前先停一停，这样就可以给他们的同学留下空间。当我询问那些更沉默的学生怎么看待自己在课堂上的参与时，他们用不同的方式作了回答。一个学生回答说，她已经适应了大学课堂的不同机制，并决定只在小组内参与。另外的学生说，他们会努力增加自己的口头参与。我给了他们一系列选择，鼓励他们用口头或书面的方式时不时地到我这里报个到。在接下来的几周内，我看到了更多通过谈话、写作和沉默来实现的参与。一旦我们建立了更加舒适的环境，我就有办法把关于参与和沉默的讨论整合到对教学的集体讨论中来，这提供了开放的机会让学生反思他们自己以及同学在课堂讨论中所扮演的角色。我通过大声说出自己的教学决策来影响讨论过程，鼓励学生谈论自己的角色以及作为学习者的决定。同时，我们也把这些讨论与他们在小学课堂上对发言和沉默的观察联系起来。

　　教师可能会观察自己课堂上的那些主题。尽管有一些主题，例如种族和种族主义，可能会带来沉默，但是同时也有许多方式可以去处理这些主题来减轻参与者的畏惧。一些主题可能太过抽象或者过于遥远，很难吸引学生加入讨论。另外，教师也可能会考虑如何组织议题和对话。例如，加拉斯（1995）围绕学生内在的好奇心和疑问，建立了自己的小学科学课程。一开始，她通过学生自己说的话提出了下面一些问题来组织课堂讨论：什么是重力？植物怎么生长？叶子为什么会改变颜色？梦从哪里来？（Gallas，1995，1998，转引自 Rymes，2008）。她发现，当她使用学生自己的语言时，一小群掌握了可观的科学词汇的学生总是掌控着讨论过程。通过对自己的课堂话语的分析——包括谁在发言以及谁保持沉默，加拉斯发现当她修改问题使之与学生生活联系得更加密切的时候，更多学生加入到了对话当中来。例如，她把一个学生提出的"什么是重力"的问题改编为"当你上下跳动的时候，发生了什么？"把学生提出来的"梦从哪里来"，改编为"你的梦从哪里来？"正如她（1995，p.95）所解释的，通过为期 5 年的对于对话的观察，围绕科学议题组织对话，"我能够从这个课堂发生的事情看出，无论是成年人还是儿童提出来的问题，有时候甚至是问题本身的措辞，都可以让一部分学生闭上嘴巴（因此也就排斥了他们）"。教师可以更进一步观察自己的提问模式，来确认自己是否邀请以及如何邀请学生用口头方式来参与讨论。正如加拉斯所说的，只用学生自己的话来推动谈话并不充分，重要的是去仔细思考什么问题和主题会打开大部分学生的话匣子。

　　教师也可能关注课堂中的轮换规则并和学生们协商，这样他们就能知道自己经常参与或不参与各种讨论的频率。在关于阿拉斯加土著的研究当中，斯科隆和斯科隆（Scollon & Scollon，1981）报告说，阿萨巴斯卡印第安人比白人学生用更多的时间来回答教师的提问，他们的停顿刚好能让他们那群说英语的同学插进话来（Erickson，1996；Rymes，2008）。学生的沉默可能是特定时机的产物。教师对讨论进行结构化，这样学生就可以预测什么时候轮到他们说话。为了增加那些年纪更大的学生的口头参与，教师可以要求学生在大声发言之前先简要地写一写。与各个年龄段的学生，尤其是更年少的学生一起时，教师可以要求他们在集体讨论之前先与一个搭档配合着说一说。一些更年幼的儿童的教师，会要求学生在听故事的时候坐在指定的座位上，这样他们就能够预测自己的搭档是谁（有的时候这也叫作"肩并肩的伙伴"）。这些固定的搭档，可以在更正式的教学场合得以应用，例如阅读指导小组、以小组方式学习具体阅读策略。非正式的写作和谈话，可以为学生在课堂上大声发言提供勇气，也给每个人凝练自己的想法提供了练习的机会和时间。

　　在第四章起到重要作用的阿马莉·科尔曼老师，鼓励学生为别人大声读故事，让更多人用口头方式把自己的想法在公共领域表达出来，而不用真的站到教室前面来说话。正如我在全书中已经强调的那样，改变时间规划、增加多模块，可以让更多人参与到课堂生活中来。当教师把更大范围内的实践当作课堂参与时，重新定义参与使之包含沉默，就进一步扩展了参与的网络。

　　关注参与方式不只局限于标准的口头贡献的方式，还包括联系课堂讨论的内容，注意什么没有说以及谁没有开口说。这需要人物和范围的转变，从而使缺席的发言与那些大声说出来的内容显得一样重要。教师可以用非正式的方式来追踪谈论了什么话题、什么话题被忽略了、谁主动（或用口头方式）参与了课堂、谁通过沉默来参与，以及谁一丁点儿都没有参与。教师可以在点名簿上作标记，或者专门为此作一些简单的记录。教师也可以对讨论过程进行录音或录像，然后与同事们一起回顾、完成分析。对于教师来说，学习去看见和认可那些无言的贡献是困难的，这需要一些实际的练习。在《信任你知道的》（*Trusting What You Konw*）一书中，米利亚姆·莱德－罗斯（Raider–Roth，2005）提供了一种对于聆听的有效的指导方法，告诉教师们怎么听才能既听到学生们说了什么，又听到他们对哪些东西三缄其口。

在一次讨论中，教师可以关注那些很少说话的学生，观察他们的身体姿态是怎么与小组联系在一起的，他们有没有打盹、他们的眼光看向哪里。教师可以关注学生的面部表情，观察他们是否以及如何去跟踪讨论过程。但是，这样的判断可能会欺骗人，因为有一些人是边望着天花板边注意课堂，而另外一些人则是在盯着教师看的时候才是在关注课堂。这可以解释为什么把学生吸收到研究过程中来不仅是值得的，而且简直可以说是必要的，教师可以要求学生描述自己怎么参与一场对话，也可以要求他们和自己一起来识别课堂参与的模式。不是一上来就去指责学生缺乏参与，教师可以从观察和描述入手。例如，教师可以说，"在我读的时候，我注意到你在……"伴随着这样的观察，教师可以要求学生来评价自己的活动。要求一个同事或者实习生像一个外来观察者那样去行动（或者要求学生们轮流去追踪信息）是另外一种收集数据的方法，可以反映课堂中的发言和沉默的条件。和同事一起进行课堂观察和讨论，能够给教师提供新的视角来审视自己的课堂。

要注意的是，教师要小心别让学生悄悄地逃离课堂，也就是用沉默来选择不投入课堂活动。给沉默留下空间是一种有潜在危险的方式。这样的实践甚至可以被解释为对学生个体参与或群体参与的一种限制。例如，教师或许会发现，让一个特别有争议的学生或者一组学生闭嘴可能更容易，相对来说去发掘他们的贡献反而更难。此外，如果教师认为自己的一部分责任是为学生将来的教育作预备，那么就有必要教会学生以一种将来会被认可的方式来参与，同时教师也认可在特定课堂中才允许的不同类型的参与。不是去支持沉默，我建议教师与学生一起去研究沉默的涵义，理解沉默所揭示的学生对当前的课堂互动的反应。我鼓励教师仔细聆听学生的发言，同时也仔细聆听学生在课堂上的沉默。最重要的是，研究沉默可以带来这样的课堂，在其中投入的参与和公平的参与得到了尽可能广泛的定义。

七、在学习如何教的过程中研究沉默

教师教育的课堂往往被认为是展示教学方法的实验室。因此，教师教育者希望他们的学生，也就是那些预备教师能在他们自己的课堂中采用这些教法。在我的小学识字教学法课堂上，我常常要求学生反思我在课上的教学实践。我会邀请学生谈一谈，这些方法在职前教师的课堂上用得怎么样以及如何使用。有时候，这会形成关于发言和沉默在教师教育课堂上的作用的讨论。在回顾一节课的时候，我们强调课堂的各种机制以及参与的各种形式。例如，我要求预备教师反思他们在课上的所有参与方式，看一看这些方式是言语的还是非言语的。这可能导致一些与我描述过的小学课堂相似的研究。在教师教育课上采用这种研究，开启了关于如何在基础教育背景下应用这种实践的讨论。例如，我可能与那些预备教师一起研究在教师教育课堂上支持发言和沉默的条件。更进一步，我们也可能去研究支持各种形式的参与的条件。公开地谈论如何在基础教育课堂上调适和采用这样的研究，是教师教育的核心工作。

为了引起对于沉默、发言和参与的关系的讨论，我要求预备教师在自己的基础教育课堂上作非正式的记录，并且把这些记录和反思带到课上来。大多数预备教师记录的是个别学生的沉默。一些则记录了在一天的特定时间段，整个课堂是怎么变沉默的。他们把沉默归结为学生的特点，而很少会认为与教师有关。通常，他们会记录突然出现的沉默插曲，而不是通过长时间的观察才能识别的一般模式。他们记录的是围绕特定主题出现的沉默、学生回应教师评论而出现的沉默，或者表面上看来不怎么明显的沉默。我们从一周收集的数据中寻找主题，开展关于课堂沉默的讨论。这种简单的练习，让预备教师能够更加清楚地意识到沉默是怎么在他们的课堂中发挥作用的，而后他们就可以更加适应这种现象，并且会更经常地就这个问题进行讨论。

八、重新思考参与

在《观鸟十三法》（*Thirteen Ways of Looking at a Blackbird*）这首诗当中，华莱士·史蒂文斯（Wallace Stevens，1923）写道：

我不晓得要喜欢哪个
是婉转的歌声
还是余韵回响
是鸟儿仍在欢叫
还是已然离去

和大多数互动过程一样，在教学过程中我们也倾向于关注鸟儿的歌唱，而不是歌唱完以后的时间和空间。当教师学会把沉默和发言所传递的意义都作为课堂参与的必要元素时，这意味着什么？在这本书中，我把参与定义为贡献和联系。我把对参与的理解与民主参与的概念联系起来，建议扩展我们关于学生如何参与课堂的理解，以实现应用多种视角和经验的更包容、更公平的教育。从社会文化的视角出发，我揭示了教师和学生对于沉默的各种功能的理解和应用，目的是理解参与是怎样包含沉默的，这是发言之后、发言当中的空隙。我建议教师转换参与结构、接纳各种模式，学会解读那些非言语的贡献，当然也包括那些言语上的贡献。在第四章中介绍的"参与式在场"这个词，把握住了学生如何通过不说话来参与课堂共同体的策略。最后，我鼓励教师和学生一起合作，去探究自己课堂上的沉默和发言。

无论是在学前还是在大学，无论是在城市、郊区还是在乡村，无论是在美国还是在印尼的亚齐省，几乎每一间教室里都有沉默的学生。我希望这本书既能帮助教师，也能帮助这些学生，让他们用一种对于沉默的更宽泛的理解，将沉默放到社会背景中去，寻找方法让沉默变成课堂机制固有的一部分，而不仅仅是拒绝。作为教师，我们应努力认识、包容和理解学生参与课堂的各种方式。这并不意味着所有的贡献都是有用的，或者所有的贡献都能推动学习进步，而是说包含多种方式的更宽泛的参与概念，涉及更大程度的参与课堂活动和讨论、更深刻的关于不同视角的理解以及新知识的生产。用这种方式来重新定义参与，教师可以真正听见沉默的声音。

注：圆括号中的数字，表示沉默维持了几秒钟。方括号中的描述，记录了非言语性的活动。方括号把沉默、非言语性的活动与发言联系起来。此外，其他的转录规则还包括：冒号（:）表示延长某个词或者某个发音；发言用粗体字表示；非言语行动用斜体字表示。转录稿由凯瑟琳·霍华德（Kathryn Howard）完成。（Howard, 2006; Schulz, 2006a）

戴维斯老师：**我们从 [谁：那儿开始听：]**

特雷尔：[*（举手，看着教师，*

戴维斯老师：= [**(1.4)**

戴维斯老师：[*（眼神从特雷尔身上移走，[又开始看特雷尔）*

特雷尔：[*（又举起手，看着教师）*

戴维斯老师：[**从特：雷：尔开始？**

戴维斯老师：[*（碰一碰特雷尔的背，看着他）*

特雷尔：*（拿着小本子站起来，向椅子走过去，坐下来，调整小本子的方向，打开第一页）*

女孩（？）：我们都很高兴 ［特雷尔

戴维斯老师：［他的题目，你实际上是关：于，

　　　　　　［（3.0）

特雷尔：［（翻到本子的封面，看着它）

男孩（？）：（安静地）成为一个更好的作者

特雷尔：成为一个更好的作者

　　　　　　［（10.0）

特雷尔：［（打开小本子的第一页，看看右边，仔细合上封面，看看左边，小本子仍旧合着，然后又看看右边，再看看页面下角）

特雷尔：我：（5.0）想（0.2）要：（0.2）成为：一个（1.0）［更好的：［（0.4）［作者

特雷尔：［（看着教师，［看着页面，［看着教师）

　　　　　　（1.5）

特雷尔：我：，（1.5）要（0.2）成为：

　　　　　　［（5.0）

特雷尔：［（专心看着这一页）

泰沙：（（安静地））［（）

特雷尔：［（看着泰沙

狄龙：（（安静地））［（我知道／嗯……）（我想要）帮助他

特雷尔：［（在他靠近时看着狄龙

狄龙：［（跪着挪向特雷尔的椅子，抓起纸（特雷尔也还抓着这张纸），把纸掉头转向自己，看这张纸）

狄龙：（安静地））嗯……（0.2）［作者，

狄龙：［（看向特雷尔）

特雷尔：作者：，

[（5.0）

[（特雷尔从狄龙的手里把纸拿回来，看这张纸的下角）

[（10.0）

特雷尔：[看看前排的几个学生，又看看右边的，然后回到自己的页面。肖恩（在右手边）跪着挪向他的椅子，特雷尔指了指纸上的某个位置，肖恩看着这页面）

肖恩：[（（嘀咕了几句，听不见））

肖恩：[（（抬头看看特雷尔，再嘀咕一遍的同时坐回自己的位置）

特雷尔：整洁的：，

[（24.0）

特雷尔：[（特雷尔打开他的本子，给右手边的学生看，点头，仔细地翻开这一页、折好，打开本子到这一页。看了页面几秒钟，然后看向泰沙。）

泰沙：[（跪着挪向特雷尔，看看特雷尔指的页面上的那个字）

泰沙：（轻声说）[和

泰沙：[（看看特雷尔，仍跪坐在特雷尔身旁）

特雷尔：[和，（0.2）我的：（0.2）妈：妈：（）（特雷尔·科尔，）

特雷尔：[（在念的时候专心地看着页面

泰沙：[（在特雷尔念的时候，就从页面上挪开眼神，看着特雷尔

（0.6）

特雷尔：[（专心看着页面，用手指着一个字）

特雷尔：我的：（0.2）妈妈（1.0）和：（0.2）爸：爸，

[（12.0）

特雷尔：[（看向右边，然后看看自己指的那个地方，看看狄龙，然后又回到页面，看向右手边的肖恩，折上页面，在肖恩跪着挪向特雷尔的位子时指着一个字）

特雷尔：要，

狄龙：[（跪着挪到特雷尔边上，把特雷尔的手牵开，这样就能看到页面上的字了）

　　　　　　（2.0）

（？）：（小声地））去

　　　　　　（6.0）

特雷尔：成为：

　　　　　　（3.0）

泰沙？：一个

　　　　　　（3.0）

泰沙：[（站到特雷尔身后）

特雷尔：更好的作者

　　　　　　（5.0）

（？）：[（）

肖恩和狄龙：[（看着特雷尔）

特雷尔：（字母／更好，？）（0.5）来：自（0.2）来：自？（0.4）特雷尔·科尔。

戴维斯老师：让我们给他一个"棒"。

特雷尔：谢谢。

泰沙：（把大拇指翘到特雷尔的脸边）

戴维斯老师：（好了／大家）记得要继续这样做。

　　　　　　（0.8）来一个大大的"棒"。

致 谢

这些年来，我渐渐感觉到自己只有在和别人合作时才会写出来东西。很多时候，如果不和人谈话或者是基于几个人的共同经历，我就会觉得自己一个字也写不出来。作为一本花了很多年才写出来的书，我对许多人都亏欠良多。这里的致谢顺序并不重要，致谢的名单也不完整。

首先，我要感谢两位有远见的教师，阿马莉·科尔曼·布朗（Amelia Coleman Brown）以及马蒂·戴维斯（Mattie Davis）。多年来，他们和他们的学生一直慷慨地允许我进入他们的教室。我总是能从阿马莉、马蒂以及他们的同事那里学到很多。他们分别来自两个重要的团队——费拉德尔菲亚写作项目以及费拉德尔菲亚教师学习合作项目，他们都对我的想法产生了深刻的影响。在这个主题中，还有许多人对我的想法产生了深远的影响：雷切尔·思鲁普（Rachel Throop）帮助我完成了本书的研究，并且用超凡的洞见、智慧和准确性帮助我完成了本书的理论架构。雷伊·麦克德莫特（Ray McDermott）像缪斯一样，总是愿意谈论沉默，不断给我提供大量的智慧和想法。从我进入研究生院的第一天起，他的作品和思想就开始对我产生深刻的影响。

多年来，几位研究生参与了相关项目的数据收集、分析和写作，他们是特里西娅·尼斯（Tricia Niesz）、帕蒂·巴克（Patti Buck）、拉莉达·瓦苏德万（Lalitha Vasudevan）、珍妮弗·贝特曼（Jennifer Bateman）、卡罗琳·切尔诺夫（Carolyn Chernoff）、柯尼卡·科尔曼（Chonika Coleman）、莎拉里·巴拉查亚（Sharareh Bajracharya）、珍妮弗·沃伦（Jennifer Warren）、萨利·马克斯韦尔（Sally Maxwell）以及罗布·康纳（Rob Connor）。尤其是与拉莉达·瓦苏德万以及柯尼卡·科尔曼的合作，推动我进一步思考这个主题，深化了我对许多问题的理解。雷切尔·思鲁普、克里斯廷·瑟尔（Kristin Searle）以及珍妮弗·贝特曼的独立研究（Independent Study）[1]课程，对于本书论点的发展具有重要影响。索尼娅·罗森（Sonia Rosen）以及香农·安德鲁斯（Shannon Andrus）对于本书最后阶段的编辑工作有重要贡献，他们协助我完善了行文，并且提供了宝贵的建议和意见。丽贝卡·斯泰尼茨（Rebecca Steinitz）是个了不起的编辑和亲密的朋友，她关于写作和教育的知识，能帮助我澄清本书的理念。我十分感激她提供的帮助和支持。西亚·阿布–哈吉（Thea Abu–Haj）是一个理想的写作伙伴，给我的写作带来了智慧和深度。在一次对外英语教学（Teaching English to Speakers of Other Languages，缩写为 TESOL）会议的论文发表之前，与凯瑟琳·霍华德（Kathryn Howard）的对话，包括她专业的转录工作，为我思考沉默和参与提供了助力。

诸多同事推动我进一步思考本书的主题，其中有西加尔·本·波拉特（Sigal Ben Porath）、布赖恩·布莱鲍伊（Bryan Brayboy）、弗雷德里

---

① "独立研究"，是指高中生或本科生在导师指导下，自己独立完成的研究项目。"独立研究"让学生有机会在常规的课程之外，加深在自己感兴趣的专题上的学习。——译者注

希·埃里克森（Frederick Erickson）、鲍勃·费科（Bob Fecho）、丽贝卡·弗里曼·菲尔德（Rebecca Freeman Field）、琼·古德曼（Joan Goodman）、帕姆·格罗斯曼（Pam Grossman）、苏菲·哈诺特尼安－戈丹（Sophie Haroutunian–Gordan）、安·利伯曼（Ann Lieberman）、苏珊·莱特尔（Susan Lytle）、特雷莎·麦卡蒂（Teresa McCarty）、沙伦·拉维奇（Sharon Ravitch）、安娜·里克特（Anna Richert）、埃伦·斯基尔顿－西尔维斯特（Ellen Skilton–Sylvester）、多里斯·沃里纳（Doris Warriner）、斯坦顿·沃瑟姆（Stanton Wortham）、南希·赞恩（Nancie Zane）等。哥伦比亚大学师范学院出版社的编辑们，尤其是梅格·莱姆基（Meg Lemke）给我提供了宝贵的建议和意见。或许最为重要的是，我要对我的家人道一声谢谢，戴维（David）、诺拉（Nora）、丹尼（Danny）以及詹娜（Jenna），他们用各种各样的方式教导我，为我带来快乐，激励我、支持我。谢谢你们。

Alvermann, D. E., O'Brien, D. G., & Dillon, D. R. (1990). What teachers do when they say they're having discussions of content area reading assignments: A qualitative analysis. *Reading Research Quarterly*, 25(4), 296–322.

Anderson, G. L. (1998). Toward authentic participation: Deconstructing the discourses of participatory reforms in education. *American Educational Research Journal*, 35(4), 571–603.

Apple, M. (1979). *Ideology and curriculum.* New York: Routledge.

Apple, M. (2000). *Official knowledge: Democratic education in a conservative age* (2nd ed.). New York: Routledge.

Au, K. H., & Jordan, C. (1981). Teaching reading to Hawaiian children: Finding a culturally appropriate solution. In H. T. Trueba, G. P. Guthrie, & K. H. Au (Eds.), *Culture in the bilingual classroom: Studies in classroom ethnography* (pp. 139–152). Rowley, MA: Newberry House.

Au, K. H., & Mason, J. M. (1981). Social organizational factors in learning to read: The balance of rights hypothesis. *Reading Research Quarterly*, 17(1), 115–152.

Bakhtin, M. (1981). *The dialogic imagination* (C. Emerson & M. Holquist, Trans.). Austin: The University of Texas Press.

Ball, D. L. (1997). What do students know?: Facing challenges of distance, context, and desire in trying to hear children. In B. J. Biddle, T. L. Good, & I. F. Goodson (Eds.), *International handbook of teachers and teaching* (pp. 769–818). Boston: Kluwer Academic Publishers.

Ball, D. L. (1993). With an eye on the mathematical horizon: Dilemmas of teaching elementary school mathematics. *Elementary School Journal,* 93(4), 373–397.

Ball, D. L., & Cohen, D. K. (1999). Developing practice, developing practitioners: Toward a practice-based theory of professional education. In L. Darling-Hammond & G. Sykes (Eds.), *Teaching as the learning profession: Handbook of policy and research* (pp. 3–32). San Francisco: Jossey-Bass.

Banks, J. A. (1993a). The canon debate, knowledge construction, and multicultural education. *Educational Researcher, 22*(5), 4–14.

Banks, J. A. (1993b). Multicultural education: Historical development, dimensions, and practice. *Review of Research in Education, 19,* 3–49.

Baquedano-Lopez, P. (2004). Literacy practices across learning contexts. In A. Duranti (Ed.), *A companion to linguistic anthropology* (pp. 245–268). Malden, MA: Blackwell.

Basso, K. H. (1979). *Portraits of "The Whiteman": Linguistic play and cultural symbols among the western Apache.* New York: Cambridge University Press.

Basso, K. H. (1990). *Western Apache language and culture: Essays in linguistic anthropology.* Tucson: University of Arizona Press.

Basso, K. H. (1996). *Wisdom sits in places: Landscape and language among the Western Apache.* Albuquerque: University of New Mexico Press.

Baumann, R. (1983). *Let your words be few: Symbolism of speaking and silence among seventeenth-century Quakers.* Cambridge: Cambridge University Press.

Bean, J. C., & Peterson, D. Grading class participation. (n.d.). Retrieved April 9, 2008, from www.csufresno.edu/academics/documents/grading_class_participation

Blackburn, M. V. (2002/2003). Disrupting the (hetero)normative: Exploring literacy performances and identity work with queer youth. *Journal of Adolescent and Adult Literacy, 46*(4), 312–324.

Boal, A. (2002). *Games for actors and non-actors* (A. Jackson, Trans.). New York: Routledge.

Boal, A. (2000). *Theater of the oppressed* (C. A. & M. L. McBride & E. Fryer, Trans.). London: Pluto.

Boaler, J., & Humphreys, C. (2005). *Connecting mathematical ideas: Middle school video cases to support teaching & learning.* Portsmouth, NH: Heinemann.

Bock, P. K. (1976). "I think but dare not speak": Silence in Elizabethan culture. *Journal of Anthropological Research, 32,* 285–294.

Bosacki, S. L. (2005). *The culture of classroom silence.* New York: Peter Lang.

Braithwaite, C. A. (1985). Cultural uses and interpretations of silence. In D. Tannen & M. Saville-Troike (Eds.), *Perspectives on silence* (pp. 163–172). Norwood, NJ: Ablex.

Brayboy, B. M. (2004). Hiding in the Ivy: American Indian students and visibility in elite educational settings. *Harvard Educational Review, 74*(2), 125–152.

Brown, L. M., & Gilligan, C. (1992). *Meeting at the crossroads: Women's psychology and girls' development.* Cambridge, MA: Harvard University Press.

Buck, P., & Skilton-Sylvester, P. (2005). Preservice teachers enter urban communities: Coupling funds of knowledge research and critical pedagogy in teacher education. In N. González, L. C. Moll, & C. Amanti (Eds.), *Funds of knowl-*

edge: Theorizing practices in households, communities, and classrooms (pp. 213–232). Mahwah, NJ: Lawrence Erlbaum Associates.

Burbules, N. (2004). Introduction. In M. Boler (Ed.), *Democratic dialogue in education: Troubling speech, disturbing silence* (pp. xiii–xxxii). New York: Peter Lang.

Cage, J. M. (1961). *Silence: Letters and writing.* Middletown, CT: Wesleyan University Press.

Cage, J. M. (1973). *Writings '67–72.* Middletown, CT: Wesleyan University Press.

Cammarota, J., & Fine, M. (2008). *Revolutionizing education: Youth participatory action research in motion.* New York: Routledge.

Campano, G. (2007). *Immigrant students and literacy: Reading, writing, and remembering.* New York: Teachers College Press.

Carter, S. P. (2001). *The possibilities of silence: African-American female cultural identity and secondary English classrooms.* Unpublished doctoral dissertation, Vanderbilt University, Nashville.

Cazden, C. B. (2001). *Classroom discourse: The language of teaching and learning* (2nd ed.). Portsmouth, NH: Heinemann.

Cha, T. H. K. (1995). *Dictee.* Berkeley, CA: Third Woman Press.

Cheung, K. (1993). *Articulate silences: Kisaye Yamamoto, Maxine Hong Kingston, Joy Kogawa.* Ithaca, NY: Cornell University Press.

Christensen, L. (2000). *Reading, writing, and rising up: Teaching about social justice and the power of the written word.* Milwaukee, WI: Rethinking Schools.

Clair, R. P. (1998). *Organizing silence: A world of possibilities.* Albany, NY: SUNY Press.

Cochran-Smith, M., & Lytle, S. L. (1999). Relationships of knowledge and practice: Teacher learning in communities. In A. Iran-Nejad & C. D. Pearson (Eds.), *Review of research in education* (pp. 249–306). Washington, DC: American Educational Research Association.

Constable, M. (2005). *Just silences: The limits and possibilities of modern law.* Princeton, NJ: Princeton University Press.

Cook-Sather, A. (2002). Authorizing students' perspectives: Towards trust, dialogue, and change in education. *Educational Researcher, 31*(4), 3–14.

Cook-Sather, A. (2006). Sound, presence, and power: Exploring "student voice" in educational research and reform. *Curriculum Inquiry, 36*(4), 359–390.

Darling-Hammond, L. (1996). The right to learn and the advancement of teaching: Research, policy, and practice for democratic education. *Educational Researcher, 25*(6), 5–17.

Delpit, L. (1995). *Other people's children: Cultural conflict in the classroom.* New York: The New Press.

Dewey, J. (1944). *Democracy and education.* New York: The Free Press (Original work published in 1916)

Dumont, R. V. (1972). Learning English and how to be silent: Studies in Sioux and Cherokee classrooms. In C. Cazden, V. P. Johns, & D. Hymes (Eds.), *Functions of language in the classroom* (pp. 344–369). Prospect Heights, IL: Waveland Press.

Duncan, P. (2004). *Tell this silence: Asian American women writers and the politics of speech.* Iowa City: University of Iowa Press.

Dyson, A. H. (2003). "Welcome to the Jam": Popular culture, school literacy, and the making of childhoods. *Harvard Educational Review, 73*(3), 328–361.

Erickson, F. (1996). Going for the zone: The social and cognitive ecology of teacher-student interaction in classroom conversations. In D. Hicks (Ed.), *Discourse, learning, and schooling* (pp. 29–62). Cambridge: Cambridge University Press.

Erickson, F., & Mohatt, G. (1982). Cultural organization of participation structures in two classrooms of Indian students. In G. Spindler (Ed.), *Doing the ethnography of schooling* (pp. 132–174). New York: Holt, Rinehart and Winston.

Finders, M. J. (1996). Queens and teen zines: Early adolescent females reading their way toward adulthood. *Anthropology and Education Quarterly 27*(1), 71–89.

Fine, M. (1987). Silencing in public school. *Language Arts, 64*(2), 157–174.

Fine, M. (1991). *Framing dropouts: Notes on the politics of an urban high school.* Albany: State University of New York Press.

Fine, M., Roberts, R. A., & Torre, M. E. (2004). *Echoes of Brown: Youth documenting and performing the legacy of Brown v. Board of Education.* New York: Teachers College Press.

Fine, M., Torre, M. E., Burns, A., & Payne, Y. A. (2007). Youth research/participatory methods for reform. In D. Thiessen and A. Cook-Sather (Eds.), *International handbook of student experience in elementary and secondary school* (pp. 805–828). New York: Springer.

Foley, D. E. (1995). *The heartland chronicles.* Philadelphia: University of Pennsylvania Press.

Foley, D. E. (1996). The silent Indian as a cultural production. In B. Levinson, D. Foley, & D. Holland (Eds.), *The cultural production of a person: Critical ethnographies of school and local practice* (pp. 79–92). Albany: State University of New York Press.

Fordham, S. (1993). Those loud Black girls: (Black) women, silence, and gender "passing" in the Academy. *Anthropology and Education Quarterly, 24*(1), 3–32.

Fordham, S. (1996). *Blacked out: Dilemmas of race, identity, and success at Capital High.* Chicago: University of Chicago Press.

Foucault, M. (1977). *Discipline and punish: The birth of the prison* (A. M. Sheridan-Smith, Trans.). Harmondsworth, UK: Penguin.

Fountas, I. C., & Pinnell, G. S. (1996). *Guided reading: Good first teaching for all chil-*

dren. Portsmouth, NH: Heinemann.

Freire, P. (1970). *Pedagogy of the oppressed*. New York: Herder and Herder.

Gal, S. (1991). Between speech and silence. In M. di Leonardo (Ed.), *Gender at the crossroads of knowledge: Feminist anthropology in the postmodern era* (pp. 175–203). Berkeley: University of California Press.

Gallas, K. (1995). *Talking their way into science: Hearing children's questions and theories, responding with curriculum*. New York: Teachers College Press.

Gallas, K. (1998). *"Sometimes I can be anything": Power, gender, and identity in a primary classroom*. New York: Teachers College Press.

Gay, G. (2000). *Cultural responsive teaching: Theory, research, and practice*. New York: Teachers College Press.

Gee, J. P. (1996). *Social linguistics and literacies: Ideology in discourses* (2nd ed.). London: The Falmer Press.

Gee, J. P. (2003). *What video games have to teach us about learning and literacy*. New York: Palgrave Macmillan.

Gilligan, C. (1982). *In a different voice: Psychological theory and women's development*. Cambridge, MA: Harvard University Press.

Gilmore, P. (1983). Spelling "Mississippi:" Recontextualizing a literacy event. *Anthropology and Education Quarterly, 14*(4), 235–256.

Gilmore, P. (1985). Silence and sulking: Emotional displays in the classroom. In D. Tannen & M. Saville-Troike (Eds.), *Perspectives on silence* (pp. 139–162). Norwood, NJ: Ablex.

Goffman, E. (1974). *Frame analysis: An essay on the organization of experience*. Cambridge, MA: Harvard University Press.

Goffman, E. (1981). *Forms of talk*. Philadelphia: University of Pennsylvania Press.

Goldberger, N. R., Tarule, J. M., Clinchy, B. M., & Belenky, M. F. (Eds.). (1996). *Knowledge, difference, and power: Essays inspired by women's ways of knowing*. New York: Basic Books.

González, N., Moll, L. C., & Amanti, C. (Eds.). (2005). *Funds of knowledge: Theorizing practices in households, communities, and classrooms*. Mahwah, NJ: Lawrence Erlbaum Associates.

Goodlad, J. L. (1984). *A place called school: Prospects for the future*. New York: McGraw-Hill.

Goodwin, M. H. (1990). *He-said-she-said: Talk as social organization among Black children*. Bloomington: Indiana University Press.

Goodwin, M. H. (2001). Participation. In A. Duranti (Ed.), *Key terms in language and culture* (pp. 172–175). Malden, MA: Blackwell Publishing.

Goodwin, C., & Goodwin, M. H. (2004). Participation. In A. Duranti (Ed.), *A companion to linguistic anthropology* (pp. 222–244). Malden, MA: Blackwell Publishing.

Granger, C. A. (2004). *Silence in second language learning: A psychoanalytic reading.* Clevedon, UK: Multilingual Matters.

Greene, M. (1988). *The dialectic of freedom.* New York: Teachers College Press.

Greene, M. (1995). *Releasing the imagination: Essays on education, the arts, and social change.* San Francisco, CA: Jossey-Bass.

Greene, M. (2003). Teaching as possibility: A light in dark times. In *The Jossey-Bass reader on teaching.* San Francisco: John Wiley.

Greeno, J. G. (1997). On claims that answer the wrong questions, *Educational Researcher, 26*(1), 5–17.

Heath, S. B. (1982). Protean shapes in literacy events: Ever-shifting oral and literate traditions. In D. Tannen (Ed.), *Spoken and written language: Exploring orality and literacy* (pp. 91–118). Norwood, NJ: Ablex.

Heath, S. B. (1998). Living the arts through language plus learning: A report on community-based youth organizations. *Americans for the Arts Monographs, 2*(7), 1–19.

Heath, S. B. (2000). Seeing our way into learning. *Cambridge Journal of Education, 30*(1), 121–132.

Hiebert, J., Carpenter, T. P., Fennema, E., Fuson, K., Wearne, D., Murray, H., Olivier, A., & Human, P. (1997). *Making sense: Teaching and learning mathematics with understanding.* Portsmouth, NH: Heinemann.

Hoffman, M. (1991). *Amazing Grace.* New York: Dial Books.

Holland, D., Lachicotte, W., Skinner, D., & Cain, C. (1998). *Identity and agency in cultural worlds.* Cambridge, MA: Harvard University Press.

hooks, b. (1989) *Talking back: Thinking feminist, thinking black.* Boston: South End Press.

hooks, b. (2004). *Skin again.* New York: Jump at the Sun/Hyperion.

Hori, G. V. S. (1994). Teaching and learning in the Rinzai Zen monastery. *Journal of Japanese Studies, 20*(1), 5–35.

Howard, K. M. (2006, March). *Microethnography in language and literacy research.* Paper presented at TESOL Conference, Orlando, FL.

Hull, G. (2003). At last: Youth culture and digital media: New literacies for new times. *Research in the Teaching of English, 38,* 229–233.

Hull, G., & James, M. (2007). Geographies of hope: A study of urban landscapes and a university-community collaborative. In P. O'Neill (Ed.), *Blurring boundaries: Developing writers, researchers, and teachers: A tribute to William L. Smith* (pp. 255–289). Chicago: Hampton Press.

Hull, G., & Schultz, K. (2002). *School's out: Bridging out of school literacies with classroom practice.* New York: Teachers College Press.

Hymes, D. (1964). Introduction: Towards ethnographies of communication. In J. J. Gumperz & D. Hymes (Eds.), *The ethnography of communication* (pp. 1–

34). Washington, DC: American Anthropology Association.

Hymes, D. H. (1967). Models of the interaction of language and social setting. *Journal of Social Issues, 23*(2), 8–28.

Jensen, J. V. (1973). Communicative functions of silence. *ETC: A Review of General Semantics, 30*(3), 249–257.

Kaomea, J. (2003). Reading erasures and making the familiar strange: Defamiliarizing methods for research in formerly colonized and historically oppressed communities. *Educational Researcher, 32*(2), 14–23.

Kingston, M. H. (1989). *Woman warrior: Memoirs of a girlhood among ghosts.* New York: Random House.

Kliebard, H. M. (1966). *The struggle for the American curriculum: 1893–1958.* New York: Routledge.

Kogawa, J. (1982). *Obasan.* Boston: D. R. Godine.

Kohl, H. R. (1994). *I won't learn from you: And other thoughts on creative maladjustment.* New York: New Press.

Labaree, D. F. (1997). Public goods, private goods: The American struggle over educational goals. *American Educational Research Journal, 34*(1), 39–81.

Ladson-Billings, G. (1994). *The Dreamkeepers: Successful teachers of African-American children.* San Francisco: Jossey-Bass.

Ladson-Billings, G. (1996). Silences as weapons: Challenges of a Black professor teaching White students. *Theory into Practice, 35*(2), 79–86.

Ladson-Billings, G. (2003). New directions in multicultural education: Complexities, boundaries, and critical race theory. In J. A. Banks & C. A. McGee Banks (Eds.), *Handbook of research on multicultural education* (2nd ed.) (pp. 50–68). San Francisco: Jossey-Bass.

Lave, J., & Wenger, E. (1991). *Situated learning: Legitimate peripheral participation.* New York: Cambridge University Press.

Lebra, T. S. (1987). The cultural significance of silence in Japanese communication. *Multilingua, 6*(4), 634–657.

Lee, S. J. (2005). *Up against whiteness: Race, school, and immigrant youth.* New York: Teachers College Press.

Levy, S. (1996). *Starting from scratch: One classroom builds its own curriculum.* Portsmouth, NH: Heinemann.

Lewis, M. (1993). *Without a word: Teaching beyond women's silence.* New York: Routledge.

Li, Huey L. (2004). Rethinking silencing silences. In M. Boler (Ed.), *Democratic dialogue in education: Troubling speech, disturbing silence* (pp. 69–86). New York: Peter Lang.

Lorde, A. (1984). *Sister outsider: Essays and speeches.* Trumansburg, NY: Crossing Press.

Lorde, A. (1997). *The collected poems of Audre Lorde.* New York: W. W. Norton.

Lomawaima, T., & McCarty, T. L. (2006). *"To remain an Indian": Lessons in democracy from a century of Native American education.* New York: Teachers College Press.

MacKendrick, K. (2001). *Immemorial silence.* Albany: SUNY Press.

Maclear, K. (1994). Not in so many words: Translating silence across "difference." *Fireweed: A Feminist Quarterly of Writing, Politics, Art and Culture, 44–45,* 6–11.

McCarthy, C. (1988). Reconsidering liberal and radical perspectives on racial inequality in schooling: Making the case for nonsynchrony. *Harvard Educational Review, 58,* 265–279.

McCarthy, C. (1993). Multicultural approaches to racial inequality in the United States. In L. A. Castenell, Jr. and W. F. Pinar (Eds.), *Understanding curriculum as racial text: Representations of identity and difference in education* (pp. 225–246). Albany: SUNY Press.

McCarty, T. L., Lynch, R. H., Wallace, S., & Benally, A. (1991). Classroom inquiry and native learning styles: A call for reassessment. *Anthropology and Education Quarterly, 22*(1), 42–59.

McDermott, R. P. (1974). Achieving school failure: An anthropological approach to illiteracy and social stratification. In G. Spindler (Ed.), *Education and cultural process: Toward an anthropology of education* (pp. 82–118). New York: Holt, Rinehart and Winston.

McDermott, R. P. (1987). The explanation of minority school failure, again. *Anthropology & Education Quarterly, 18*(4), 361–367.

McDermott, R. P. (1988). Inarticulateness. In D. Tannen (Ed.), *Linguistics in context* (pp. 34–68). Norwood, NJ: Ablex.

McDermott, R. P., & Gospodinoff, K. (1979). Social contexts for ethnic borders and school failure. In A. Wolfgang (Ed.), *Nonverbal behavior: Applications and cultural implications* (pp. 175–195). New York: Academic Press.

McIntyre, A. (2000). *Inner-city kids: Adolescents confront life and violence in an urban community.* New York: New York University Press.

Mehan, H. (1979). *Learning lessons.* Cambridge, MA: Harvard University Press.

Minh-ha, T. T. (1990). Not you/like you: Post-colonial women and the interlocking questions of identity and difference. In G. Anzaldúa (Ed.), *Making face, making soul/Haciendo caras: Creative and critical perspectives by women of color* (pp. 371–375). San Francisco: Aunt Lute Books.

Moll, L. C. (1992). Bilingual classroom studies and community analysis: Some recent trends. *Educational Researcher, 21*(3), 20–24.

Moll, L. C., & Greenberg, J. B. (1990). Creating zones of possibilities: Combining social context for instruction. In L. C. Moll (Ed.), *Vygotsky and education: Instructional implications and applications of sociohistorical psychology* (pp. 319–348). Cambridge, UK: Cambridge University Press.

Momaday, N. S. (1997). *The man made of words: Essays, stories, passages.* New York: St. Martin's Press.

Nieto, S. (2000). *Affirming diversity: The sociopolitical context of multicultural education* (3rd ed.). New York: Longman.

Nwoye, G. (1985). Eloquent silence among the Igbo of Nigeria. In D. Tannen & M. Saville-Troike (Eds.), *Perspectives on silence* (pp. 185–191). Norwood, NJ: Ablex.

Ortega y Gassett, J. (1957). *Man and people* (W. R. Trask, Trans.). New York: Norton.

Philips, S. U. (1972). Participant structures and communicative competence: Warm Springs Indians in community and classroom. In C. B. Cazden, V. P. John, & D. Hymes (Eds.), *Functions of language in the classroom* (pp. 370–394). Prospect Heights, IL: Waveland Press.

Philips, S. U. (1983). *The invisible culture: Communication in classroom and community on the Warm Springs Indian Reservation.* New York: Longman.

Picard, M. (1948/1952). *The world of silence* (S. Goldman, Trans.). Chicago: Henry Regnery.

Pollock, M. (2004). *Colormute: Race dilemmas in an American school.* Princeton, NJ: Princeton University Press.

Pollock, M. (2008). *Everyday antiracism: Concrete ways to successfully navigate the relevance of race in school.* New York: The New Press.

Raider-Roth, M. B. (2005). *Trusting what you know: The high stakes of classroom relationships.* San Francisco: Jossey-Bass.

Remillard, J. T., & Geist, P. K. (2002). Supporting teachers' professional learning by navigating openings in the curriculum. *Journal of Mathematics Teacher Education, 5*(1), 1386–4416.

Rich, A. (1979). *On lies, secrets, and silence: Selected prose, 1966–1978.* New York: W. W. Norton.

Rich, A. (1984). *The fact of a doorframe: Poems selected and new 1950–1984.* New York: W. W. Norton.

Rodgers, C. R., & Raider-Roth, M. B. (2006). Presence in teaching. *Teachers and Teaching, 12*(3), 265–287.

Rogers, A. G. (1993). Voice, play, and a practice of ordinary courage in girls' and women's lives. *Harvard Educational Review, 63*(3), 265–295.

Rogers, A. G. (2006). *The unsayable: The hidden language of trauma.* New York: Random House.

Roosevelt, D. (1998a). "There the kid was, stranded in the car": Reading the fictions of children as if they mattered. *Curriculum Inquiry, 28*(1), 81–111.

Roosevelt, D. (1998b). Unsuspected literatures: Public school classrooms as laboratories for the creation of democratic culture. *Theory into Practice, 37*(4), 271–279.

Rowe, M. B. (1986). Wait time: Slowing down may be a way of speeding up. *Journal of Teacher Education, 37*(1), 736–741.

Rymes, B. R. (2008). *Classroom discourse analysis: A tool for critical reflection.* Cresskill, NJ: Hampton Press.

Rymes, B. R., Cahnmann-Taylor, M., & Souto-Manning, M. (2008). Bilingual teachers' performances of power and conflict. *Teaching Education, 19*(2), 105–119.

Saville-Troike, M. (1982). *The ethnography of communication: An introduction.* Baltimore: University Park Press.

Saville-Troike, M. (1985). The place of silence in an integrated theory of communication. In D. Tannen & M. Saville-Troike (Eds.), *Perspectives on silence* (pp. 3–18). Norwood, NJ: Ablex.

Schultz, K. (2002). Looking across space and time: Reconceptualizing literacy learning in and out of school. *Research in the Teaching of English, 36*(3), 356–390.

Schultz, K. (2003). *Listening: A framework for teaching across difference.* New York: Teachers College Press.

Schultz, K. (2006a, March). *Listening to silence and participation in a first grade classroom: Towards implications for research and teaching second language learners.* Paper presented at the TESOL Conference, Tampa Bay, FL.

Schultz, K. (2006b). Qualitative research on writing. In C. A. MacArthur, S. Graham, & J. Fitzgerald (Eds.), *Handbook of writing research* (pp. 357–373). New York: Guilford Press.

Schultz, K. (2008). Interrogating students' silences. In Mica Pollock (Ed.), *Everyday antiracism: Concrete ways to successfully navigate the relevance of race in school* (pp. 217–221), New York: The New Press.

Schultz, K., Buck, P., & Niesz, T. (2000). Democratizing conversations: Discourses of "race" in a post-desegregated middle school. *American Education Research Journal, 37*(1), 33–65.

Schultz, K., Buck, P., & Niesz, T. (2005). Authoring "race": Writing truth and fiction after school. *Urban Review, 37*(5), 469–489.

Schultz, K., & Coleman, C. (2009, February). *Becoming visible in the classroom: Storytelling across multiple modalities.* Presented at meeting of the Ethnography in Education Forum, Philadelphia, PA.

Schultz, K., & Davis, J. (1996). *After desegregation: Students and teachers talk about "race" and relations in post-desegregated schools.* Proposal submitted to the Spencer Foundation, Chicago, IL.

Schultz, K., & Fecho, B. (2005). Literacies in adolescence: An analysis of policies from the United States and Queensland, Australia. In N. Bascia, A. Cumming, A. Datnow, K. Leithwood, & D. Livingstone (Eds.), *International handbook of educational policy* (pp. 677–694). Dordecht, The Netherlands: Kluwer Academic Publishers.

Schultz, K., Jones-Walker, C., & Chikkatur, A. (2008). Listening to students, negotiating beliefs: Preparing teachers for urban classrooms. *Curriculum Inquiry, 38*(2), 155–187.

Schultz, K., & Throop, R. (in press). Curriculum and popular culture. In A. Luke & D. Pearson (Eds.), *Third international encyclopedia of education curriculum development*. New York: Elsevier.

Schultz, K., Vasudevan, L., Bateman, J., & Coleman, A. (2004, February). *Storytelling across multiple modalities as method*. Presented at meeting of the Ethnography in Education Forum, Philadelphia, PA.

Schultz, K., Vasudevan, L., & Throop, R. (2007). Adolescent literacy in a global society. In B. Guzzetti (Ed.), *Literacy for the new millenium: Adolescent literacy* (pp. 12–36). Portsmouth, NH: Greenwood.

Scollon, R. (1985). The machine stops: Silence in the metaphor of malfunction. In D. Tannen & M. Saville-Troike (Eds.), *Perspectives on silence* (pp. 21–30). Norwood, NJ: Ablex.

Scollon, R., & Scollon, B. K. (1981). *Narrative, literacy, and face in interethnic communication*. Norwood, NJ: Ablex.

Skilton-Sylvester, P. (1994). Elementary school curricula and urban transformation. *Harvard Educational Review, 64*(3), 309–331.

Sontag, S. (1969). *Styles of radical will*. New York: Dell.

Spender, D. (1980). *Man made language*. London: Routledge & Kegan Paul.

Stein, P. (2004). Representation, rights, and resources: Multimodal pedagogies in the language and literacy classroom. In B. Norton & K. Toohey (Eds.), *Critical pedagogies and language learning* (pp. 95–115). Cambridge, UK: Cambridge University Press.

Stein, P., & Newfield, D. (2002). Shifting the gaze in South African classrooms: New pedagogies, new publics, new democracies. *International Journal of Learning*. Retrieved May 7, 2008, from *http://www.readingonline.org/international/stein/*

Stevens, W. (1923). *Harmonium*. New York: Alfred A. Knopf.

Strieb, L. Y. (in preparation). *Inviting families*. New York: Teachers College Press.

Tannen, D., & Saville-Troike, M. (1985a). Introduction. In D. Tannen & M. Saville-Troike (Eds.), *Perspectives on silence* (pp. xi–xviii). Norwood, NJ: Ablex.

Tannen, D., & Saville-Troike, M. (Eds.). (1985b). *Perspectives on silence* (pp. xi–xviii). Norwood, NJ: Ablex.

Tateishi, C. A. (2007/2008, Winter). Taking a chance with words. *Rethinking Schools, 22*(2). Retrieved May 7, 2008, from http://www.rethinkingschools.org/archive/22_02/word222.shtml

Taylor, J. M., Gilligan, C., & Sullivan, A. M. (1995). *Between voice and silence: Women and girls, race and relationship.* Cambridge, MA: Harvard University Press.

Thomas, A. (2004). Digital literacies of cybergirl. *E-Learning, 1*(3), 358–382.

Tomlinson, C. (1999). *The differentiated classroom: Responding to the needs of all learners.* Alexandria, VA: ASCD.

Torre, M., & Fine, M. (2006). Researching and resisting: Democratic policy research by and for youth. In S. Ginwright, P. Noguera, & J. Cammarota (Eds.), *Beyond resistance! Youth activism and community change: New democratic possibilities for practice and policy for America's youth* (pp. 269–285). New York: Routledge.

Torre, M. E., & Fine, M., with Alexander, N., Billups, A. B., Blanding, Y., Genao, E., Marboe, E., Salah, T., & Urdang, K. (2008). Participatory action research in the contact zone. In J. Cammarota & M. Fine, M. (Eds.), *Revolutionizing education: Youth participatory action research in motion* (pp. 23–44). New York: Routledge.

Van Manen, M. (1990). *Researching lived experience: Human science for an action sensitive pedagogy.* Albany: SUNY Press.

Varenne, H., & McDermott, R. P. (1999). *Successful failure: The school America builds.* Boulder, CO: Westview Press.

Vasudevan, L. (2004). *Telling different stories differently: The possibilities of multimodal (counter)storytelling with African American adolescent boys.* Unpublished dissertation. University of Pennsylvania.

Vasudevan, L., Schultz, K., & Bateman, J. (under review). Beyond the printed page: Multimodal storytelling in an urban classroom.

Vygotsky, L. S. (1978). *Mind in society: The development of higher psychological processes.* Cambridge, MA: Harvard University Press.

Walkerdine, V. (1990). *Schoolgirl fictions.* London: Verso.

Walkerdine, V., Lucey, H., & Melody, J. (2001). *Growing up girl: Psychosocial explorations of gender and class.* New York: New York University Press.

Wittengenstein, L. (1961). *Tractatus logico-philosophicus.* New York: Humanities Press.

Wortham, S. (2006). *Learning identity: The joint emergence of social identification and academic learning.* New York: Cambridge University Press.

Yamamoto, H. (1994). *Seventeen syllables* (K-K Cheung, Ed.). New Brunswick, NJ: Rutgers University Press.

Zembylas, M., & Michaelides, P. (2004). The sound of silence in pedagogy. *Educational Theory, 54*(2), 193–210.

图书在版编目（CIP）数据

课堂参与：沉默与喧哗 /（美）凯瑟琳·舒尔茨著；丁道勇译 . —上海：华东师范大学出版社，2018

ISBN 978-7-5675-8224-8

Ⅰ. ①课 ... Ⅱ. ①凯 ... ②丁 ... Ⅲ. ①课堂教学—教学研究—中小学 Ⅳ. ① G632.421

中国版本图书馆 CIP 数据核字（2018）第 193607 号

大夏书系·西方教育前沿

课堂参与：沉默与喧哗

著　　者	凯瑟琳·舒尔茨
译　　者	丁道勇
策划编辑	李永梅
审读编辑	任媛媛
封面设计	奇文云海·设计顾问

出版发行　华东师范大学出版社
社　　址　上海市中山北路 3663 号　邮编　200062
网　　址　www.ecnupress.com.cn
电　　话　021 — 60821666　　行政传真　021 — 62572105
客服电话　021 — 62865537
邮购电话　021 — 62869887　　地址　上海市中山北路 3663 号华东师范大学校内先锋路口
网　　店　http：//hdsdcbs.tmall.com/

印 刷 者　北京季蜂印刷有限公司
开　　本　700×1000　16 开
插　　页　1
印　　张　14
字　　数　185 千字
版　　次　2019 年 6 月第一版
印　　次　2019 年 6 月第一次
印　　数　6 100
书　　号　ISBN 978-7-5675-8224-8 / G·11423
定　　价　58.00 元

出 版 人　王　焰

（如发现本版图书有印订质量问题，请寄回本社市场部调换或电话 021—62865537 联系）